사람 3

사람 3

최종남 산문집

도서출판 한결

사람, 그 세 번째 이야기

산문집 「사람」 2집을 내놓은 이후 틈틈이 써서 발표했던 글들을 묶어 3집을 내놓는다. 성취감에 앞서 부끄러운 마음이 깊다.

일관된 제재나 주제의식을 가지고 작가가 추구해온 문제를 다루지 못한 아쉬움이 고스란히 드러나고 있다. 말미에 환경문제 몇 가지 취급해 본 흔적이 작가가 그간 집착했던 일면을 보여줄 뿐 백화점 식으로 나열한 산문집에서 크게 벗어나지 못한다는 자책 때문에 왠지 마음이 찜찜하다.

유심히 살펴보면 작가와 연관 있는 동인지나 잡지, 문학지, 기관의 홍보지, 시민단체 보고서, 신문칼럼에 발표했던 글이라고 단칼에 지목할 정도로 그 참신성도 떨어진다. 글을 쓴 필자 자신도 자기 글에 대해 별로 애착이 가지 않는데, 그것도 표제 한번 바꾸지 않고 고집스럽게 세 번째도 사람을 만나 웃고, 덕담 나누고, 욕하고, 실망한 이야기를 풀어놓았으니 독자들이 산문집 「사람」 3집을 읽게 된다면 얼마나 지겹고 고역이겠는가.

새로운 마음가짐으로 춘천과 관련된 소설 창작에 전념하면서 그나마 몇 줄씩 써오던 산문을 내려놓았다. 청탁이 들어올까 미리 걱정이 되어 몸이 좀 편치 못하다고 변명부터 늘어놓는다. 소설 쓰는 재미가 산문보다 훨씬 흥미진지하다는 것을 이제서야 터득하게 되니 너무 늦었다. 하지만 이번 세 번째 산문집 「사람」에서 실망한 빚을 소설집에서 만회해보려고 찜통더위도 감내하며 노트북을 펼쳐놓고 있다.

고희를 맞이해 책 한 권 묶어야 된다는 강원고교 출신 문예반 모임인 「여울문학회」 주선으로 세 번째 사람을 만난 이야기를 내놓게 된다. 단편소설이 예닐곱 편 준비되었더라면 소설창작집이 더 어울렸겠지만 필자의 무능, 무력함이 그렇게 되었고 아무튼 「여울」의 사업계획에 따라 박성호 군이 편집, 출판 등 모든 어려움을 해결해 주었으니 더없이 고맙다.

「여울」 회원들과 「도서출판 한결」 모두에게 감사한다.

차례

제1부

사진 한 장에 담긴 그리움

제2부

사람을 만나다

제3부

붕어섬에 붕어가 산다

제4부

물속에 잠긴 마을 이야기

제1부

사진 한 장에 담긴 그리움

오늘도 스냅 사진 한 장 서가에 세워두고 들여다본다. 모두모두 더 이상 늙지 말고, 추하지 말고, 꼿꼿하게 세월을 받치고 살았으면 얼마나 좋을까.

굿바이 미스터 칩스에서 열하일기까지

고백하건대 내 인생을 확 바꾸어 놓았던, 그리하여 평생 삶의 지표가 되고 스승이 되어준 결정적인 책이 내게는 없다. 그때마다 내 인생을 안내해 준 책은 여러 권 있지만 남에게 내로라고 권할 만한 책은 아직 없다. 그래서 인생을 바꾼 책 한 권을 소개하라는 주문을 받으면 매우 당혹스럽다.

초등교사로 있다가 다시 중등교사로 재임명을 받고 부임했던 시절에는 영국의 작가 제임스 힐튼이 쓴 중편 "굿바이 미스터 칩스"가 당시 사립학교 선생 노릇을 하던 내게 길라잡이가 되었다. 청년시절에 부임해서 딱 한번 사랑했던 여자와 결혼했고, 첫애를 가졌던 아내와 사별한 이후 줄곧 독신으로 늙어가며 오직 교육에만 매달렸던 칩스는 어찌 보면 융통성이 없는 선생이었다. 퇴임하고도 학교 옆을 떠나지 않고 한결같이 학교를 지키고 학생들을 끔찍하게 사랑했던 칩스 선생의 그 우직함이 내 젊은 시절, 교사의 바른 길을 제시해 준 나의 스승이었다.

책 속에서 칩스의 가르침이 없었다면 교육보다 이재와 편견에 밝았던 사립학교를 얼마 못가서 때려치우고 나왔을 터였다.

작가지망생으로 한때 황순원의 소설과 미당의 시에 심취한 적도 있었다. "나무들 비탈에 서다" 는 전후 젊은이들의 갈등과 고뇌를 그린 작품이었는데 가난했던 내게 어떤 삶을 선택해야 슬기롭게 살 수 있는가를 알려준 책이었다. 인생뿐 아니라 황순원 선생의 절제 있는 문장에 더 관심이 쏠렸었다. 그 어른의 문장을 좀더 공부하고 그의 문학을 깊이 알기 위해 한때 경희대학교를 지망하려 했던 적도 있었다.

제대를 하고 본격적으로 문학수업을 위해 표본이 되는 소설을 탐색해 본 때가 있었다. 최인호나 한수산이 쓴 소설 모두가 외국문장을 번역한 것 같은 미문들이었다. 그들이 감각적으로 쓴 탐미적인 문장 앞에서 나는 절망했었다. 재능이 달려서 나는 그들처럼 감각적이고 사색적인 문장을 흉내낼 수가 없었다. 어떤 문장이 내 체질에 맞는지도 몰랐다. 다만 한 가지, 내가 쓰고 있는 문장은 전통적이지도 이국적이지도 않다는 것만은 알고 있었다. 어쩌면 이렇게 문학을 한답시고 방황하다가 실패한 작가로 전락할 것 같은 예감이 들어 늘 불안했었다. 그림을 그린다고 설치던 화가 지망생들이 마지막으로 찾아가는 곳이 극장이요, 그곳에서 간판 그림 그리는 모습을 보고 얼마나 연민의 시선을 보냈던가.

그때 노화남 선배가 일러주었다. 한수산이가 춘천 내려와서 그러는데 진짜 문장은 이문구의 "장한몽" 과 "관촌수필" 이라고 그러더라. 내게 속삭이듯 말했을 때 나는 전기가 통하는 것 같은 전율을 느꼈다. 그렇구나, 어느 정도 공감은 하고 있었으나 그런 소설이 진짜 우리 소설문장이란 확신이 서지 않았던 터이므로 노 선배가 권하는 말은 그대로 내게 교과서가 되었다. 그 시절 나의 가장 큰 고민은 나만의 문장, 개성있는 문장을 찾는 일이었으므로 노 선배가 전해준 말은 곧 하느님의 말씀 같았다.

이문구의 "관촌수필" 을 비롯해 "이 풍진 세상" , "낮에 나온 반달" , 우리 동네 최씨, 장씨, 김씨… 시리즈의 연작소설 "우리 동네" 가 발표될 때마다 부지런히 찾아 읽었다. 이문구의 소설 문장과 자유자재로 구사하는 고유어는 나를 매료시키기에 충분했다. 이문구를 배우기 위해 나는 독서노트 세 권 분량의 메모를 남길 정도로 한 작가에게 빠졌던 때가 있었다.

고백하건대 나의 개성있는 문체는 이문구에 이어 춘천 실레마을에서 태어난 작가 김유정의 소설에 한 번 더 심취한 뒤에 이루어지게 된다. 전상국 작가가 나의 졸작 "겨울새는 머물지 않는다" 발문에서 언급해 주셨듯이 내 특유의 껄쭉한 입담은 김유정의 문장 속에 숨어있는 웃음과 입담을 익힌 뒤에야 가능했던 것이다.

춘천 지방 사투리와 김유정 특유의 문장을 적어 놓은 것 한 권, 지명과 인명에 읽힌 내용을 기록한 것 한 권, 이렇게 김유정

소설에 관련된 독서노트가 두 권이나 되니 김유정을 공부했다고 말해도 과장은 아닐 터이다.

근래에는 박지원의 "열하일기" 에 열중하고 있다. 학교시절 대충 읽었던 것이 죄송스러워 다시 서가에 꽂혀 있던 놈을 꺼냈다. 이만한 선각자가 또 어디 있을까 싶다. 외척이니 수렴청정이니, 집안싸움만 일삼던 조선의 왕족들과 반상 갈라 인권 탄압하고 편가르기에 능사였던 그 시절을 반추하며 박지원을 읽는 맛이란 오뉴월에 샘물 길어다 마시는 것처럼 청량감을 느끼게 했다. 그러나 책을 읽고 고개만 끄덕이면 무슨 짝에 쓸 것인가.

내년 여름에는 박지원이 종형 박명원과 함께 청 고종의 만수절을 축하하기 위해 사절단과 동행했던 길을 찾아 떠날까 한다. 관광사와 공모해서 답사단을 모집하고 신의주는 아니지만 인천 부두에서 뱃길로 황해를 건너 단동에 닻을 내리고 열차편으로 심양을 거쳐 열하(지금은 청더承德라 부르는 곳)까지 가는 길을 궁리하는 시간도 흥미있다.

"열하일기" 를 읽으면 티벳과 내몽골을 경계하기 위해 황제가 여름이면 피서차 청의 이궁인 열하에 머물렀던 중국의 고민이 아직도 이어지고 있음을 알게 된다. 그 역사의 현장을 찾아 나서기 위해 요즘 열하일기를 탐독 중이다.

열하일기는 아마도 내 인생의 마지막 길을 밝혀 줄 책이 될지도 모를 것이다.

첫눈

첫눈은 누구나 젊음을 먼저 떠올리게 한다. 나이 육십이 되었어도 첫눈이 내리는 날은 마음이 설렌다. 낡은 스냅사진처럼 저쪽 구석에 밀려나 있던 추억이 떠오르기 때문이다. 그래서 첫눈은 첫사랑으로 남는다.

첫눈이 내리는 날 우리는 공지천 찻집에서 만나기로 했었다. 그러나 나는 그때 군복무 중이었다. 전방 고지에서 첫눈이 온다고 무턱대고 춘천으로 외출을 감행할 수가 없었다. 그리움처럼 자욱하게 내리는 눈을 펄펄 끓는 마음으로 바라보고만 있어야 했다. 그녀는 그날 다른 친구와 함께 첫눈이 내리는 공지천이 아닌 남대천 둑길을 걸었을 터였다.

세월이 너무 흘렀다. 첫눈이 내리는 하늘처럼 그리움도 뿌옇게 흐려졌다. 이제는 그 시시한 낭만과 추억에 매달릴 때가 아니다. 첫눈이 오건, 마지막 눈이 내리건 눈이 내리면 그저 그뿐, 빨리 겨울이 가기만을 기다리는 몸이 되었다. 눈이 그친 내일 아침 미끄러운 빙판길을 달려 출근해야 할 여러 사람들이 먼저 걱정이 된다. 어디서 큰 사고라도 났다는 소식을 들으면 덜컥 겁이 난다. 대전과 서울, 일산에 사는 애들 걱정이 앞선다.

이 눈이 그치면 우선 집 앞의 길을 쓸어야 한다. 눈 하면 우선 마당과 집 앞의 눈을 쓸고 쳐내야한다는 일이 난감해져서 눈이 마치 거리에 마구 나뒹구는 쓰레기처럼 지겨워진다. 추억이나 낭만이란 감상적인 생각이 돋아날 리가 없다.

지난 겨울에 사용하다 남겨 둔 염화칼슘을 꺼내 가파른 계단에 뿌려야 귀가하는 식구들이 또 넘어져서 병원에 실려 가는 불상사를 막을 수 있다. 부지런히 마당에 쌓인 눈도 쳐내고 아내가 쉽게 김치를 꺼내도록 김장대도 쓸어야 잔소리를 면한다.

오랜 만에 땀을 흘리며 눈을 쓸고 나면 그제서야 지나간 추억이 한줌 떠오른다. 슬프다. 공지천 찻집에서 만나자던 그녀는 몇 년 전 추석날 결혼생활이 순탄하지 못했던지 스스로 목숨을 끊었다는 소식을 시를 쓴다는 그녀의 친구로부터 들었다. 정말 운이 좋으면 그날 약속처럼 첫눈이 오는 날 한번 만났으면 바랐는데, 이제는 녹은 눈처럼 자취도 없이 가버렸다. 그래서 첫눈 오는 날은 가끔 슬퍼지고 한편으로 귀찮아진다.

첫눈이란 제재(신문사에서 청탁받은 칼럼)로 글을 쓰고 있는데 마침 첫눈이 온다고 아내가 큰 소리로 부른다. 서재에서 나와 창밖을 내다보니 겨울나비처럼 펄펄 눈송이가 휘날린다.

문득 창밖을 내다보며 따뜻한 녹차를 마시고 싶어졌다.

사진 한 장에 담긴 그리움

남자들은 뒤에 서고 여자들은 푸른 잔디밭에 다리를 뻗고 앉아 환하게 웃고 있다. 등산모를 쓴 사람은 단지 둘뿐인데 누군가 자세히 살펴보니 이외수와 함광복의 아내였다. 스냅된 그림 뒤로 어렴풋이 절집이 보이는 초가을 농촌 풍경을 배경으로 하고 있다. 지금은 할아버지 소리를 듣는 징글맞은 60대가 되었지만 사진 속의 모습들은 50대의 싱싱한 모습들이고, 50대들은 40대 한창 나이로 웃고 있다. 젊고 구김살 없는 얼굴들을 바라보는데 느닷없이 눈시울이 뜨거워진다. 그렇다. 그림 같은 사진을 들여다보고 있으면 마치 시간이 정지된 듯한 느낌이 든다. 이보다 더 평화로운 정경이 또 어디 있을까.

정확히 11년 전의 모습들이다. 아내를 동반하고 한 자리에 모여 포즈를 잡은 스냅 사진 한 장을 탁상용 액자에 담아 서가 앞에 세워 두고 나는 틈나는 대로 들여다보기를 즐긴다. 그러다 문득 저렇게 한 자리에 모이기도 참 힘들 텐데 하는 생각과 함께 동창마을이 떠오른다. 우리들을 초대했던 상범이가 아직 고향 마을을 지키고 있었으면 매년 한 번씩 부부동반으로 한자리에 모일 수 있을 텐데, 그러나 녀석은 한두 번 향리에서 문학잔치를 벌이다가 힘에 부쳐 그 일을 접고 홍천 읍내로 나왔다고 했다. 그런저런 생각에 잠기며 용케도 한자리에 모여 포즈를 잡고 있는 스냅 사진이 무슨 보물단지인 양 어루만지며 새삼스럽게 그리움에 잠긴다.

우안 옆에 최돈선, 그 뒤에 불교방송의 이빨 최정용, 우리들의 맏형 윤용선 시인, 외계에서 온 듯한 인상을 늘 풍기는 이외수, 그 옆에 노화남과 함광복 논설위원, 그 옆에 총장시인 박민수 형과 내가 서 있고 하늘같은 선배들을 동창마을로 초대한 전상범은 정장차림에 잔득 긴장된 표정으로 서 있다.

세월이 변하듯 복장도 많이 변했음을 실감한다. 그때는 색깔 있는 티셔츠에 점퍼를 받쳐 입은 윤용선 시인이었지만 요즘은 주로 생활한복을 즐겨 입는 교장선생님으로 변했다. 그렇지, 최우안도 윤 교장선생님처럼 생활한복을 즐겨 입는 중견이 되었다. 반면에 늘 점퍼 차림이었던 최돈선 시인은 이제 양복에 넥타이를 꼭 매고 노트북을 들고 출퇴근하는 남대문 시인이 되었다고 한다. 변함없는 것은 이외수의 흰색 상의와 소꼬리처럼 치렁치렁 길게 자란 머리뿐이다. 건강한 모습으로 서 있는 남자들 앞에 가장 평화롭고 한가로운 모습으로 미소를 짓고 있는 아내들, 그네들을 정지된 시간으로 꼭 붙잡아 두었으면 어떨까.

95년 9월쯤으로 기억된다. 온갖 과일들을 마지막으로 탐스럽게 익혀가고 있는 햇살로 눈부신 초가을 하늘이 머리 위에 펼쳐져 있다. 홍천 내촌면 동창마을에서 시를 쓰는 전상범이가 해마다 벌이는 시화전 행사에 춘천의 글쟁이들을 무더기로 초청했다. 상범이 패들이 말하는 강원고의 세 스승 노화남, 최돈선과 본인 이렇게 셋이 함께 교우하는 스승같은 선배들을 모신 상범은 평생에 잊지 못하는 사건을 연출하고 말았다고 진술했었다. 귀한 손님들을 맞은 동창마을은 그날 매우 들뜨고 분주했을 터였다.

우리 일행들은 동창마을의 시화전 행사도 그렇거니와 녀석이 정성들여 준비했다는 농주에 대단히 관심을 가졌다. 보리밭 옆에만 가도 얼굴이 빨개지는 딱 한 분 윤용선 시인만 빼고. 전시해 놓은 시화 작품과 절집, 녀석의 친가와 마을을 두루 돌아다니다가 다리도 쉴 겸 마련해 놓은 술자리에 앉아 익어가는 가을에 흠뻑 취했다. 바가지로 퍼 마신 술기운을 빌어 도민일보 사진기자의 카메라 앞에 섰다. 상범이 녀석의 친가 옆 절집이 어렴풋이 내다보이는 배경을 뒤로 하고 포즈를 잡았던 것이 그만 추억의 명장면이 되고 말았던 것이다.

그때 찍은 스냅사진은 세월이 지날수록 깊은 그리움으로 남는다. 십 년쯤 젊은 모습으로, 혹은 화사한 가을 햇살 아래 한가롭게 앉아 만사를 잊은 듯한 평화로운 모습으로 포즈를 취하고 있는 정경을 바라보며 나는 돌아갈 수 없는 젊음을 안타까워한다. 다정다감했던 50대 그 시절, 그리고 늘 맏형처럼 아끼고 다독거려 주던 세 사람 윤용선, 박민수, 노화남 선배.

나는 지난 해 김유정문학촌에서 여러 글벗들을 모신 가운데 본인의 졸작 "겨울새는 머물지 않는다" 출판 모임을 마련했었다. 그때 윤용선 선배를 잊을 수가 없다. 석사동시대를 이끌어가던 세 사람, 이외수, 최돈선, 이도행이 이 자리에 빠졌다는 것은 매우 석연찮다며 마이크를 잡고 거침없이 후배들을 질타하던 모습은 아직도 귀에 쟁쟁하다. 꼬장꼬장, 할 말은 하고 넘어가는 윤 선배의 모습과 술도 한잔 마시지 못하면서 자리를 마칠 때까지 함께 하며 후배들을 다독이는 너그러운 모습이 오래도록 기억에 남을 터이다. 그렇다.

오늘도 스냅 사진 한 장 서가에 세워두고 들여다본다. 모두모두 더 이상 늙지 말고, 추하지 말고, 꼿꼿하게 세월을 받치고 살았으면 얼마나 좋을까.

봄을 여는 달리기 대회

강원도청 앞에서 삼일절 단축마라톤대회 시상식이 벌어졌다. 시상식이 거의 끝나갈 무렵이었다. 한 명의 마라토너가 골인 지점을 향해 들어오고 있었다. 사회자가 지금 골인하고 있는 선수에게 격려의 박수를 보내달라고 했다. 포기하지 않고 완주한 마라토너는 이제 겨우 중3 학생이라고 했다. 그는 춘고 운동장 옆에 사는 강 아무개였다.

3월 첫날 하면 필자는 시상식이 끝나갈 무렵 1등처럼 시민들의 환호를 받으며 꼴찌로 들어오던 중3 짜리 마라토너가 떠오르고, 태극기 물결 넘치는 푸른 하늘이 떠오르고, 강원일보 사옥 앞에서 도청으로 이어지는 대로에 걸린 현수막이 떠오른다. 역동적이고 젊음이 넘치는 언어의 성찬, 3월은 그렇게 열리고 있다. 40여 년이 지난 지금도.

중3 짜리 마라토너는 지도자가 되어 심판차량에 탑승하고 있었다. "함께 달려요, 2014 평창 동계올림픽", "2010년 세계

레저총회는 춘천에서” 등등 강원도민의 염원을 담은 현수막 아래 3천여 건각들이 모여 에어로빅 댄스에 맞춰 몸을 풀기 시작했다. 바로 그 시각, 춘천시의회 의원들은 미군부대 무상 양여 촉구를 위한 10만 시민 서명운동을 벌이고 있었고 강원도청 동사모 팀들은 참가자들에게 예쁜 선물을 나누어주며 하나된 희망을 호소하고 있었다.

출발을 알리는 총소리와 함께 마라토너들이 뛰어나갔다. 맨 앞에는 단축마라톤대회에 참가한 중고생 선수들이었고 뒤에는 건강달리기대회에 참가한 아마추어 선수들이 달려 나갔다. 참가한 선수들을 살펴보니 길 건너 식품점을 하는 가게아저씨도, 시청에 다니는 아줌마도 보였다. 텔레비젼에 자주 나오는 시의원 아저씨도 보였고, 고등학교 지리 선생님도 보였다. 강사모의 황병식 심양홍 같은 인기 연예인들도 바로 옆에서 숨소리 고르며 달리고 있었다.

건각들이 둑을 무너뜨리듯 일시에 뛰어나가자 중앙로 로터리에서는 오색 찬란한 폭죽이 터지기 시작했다. 연도에 지켜섰던 시민들이 함성을 질렀다. 와아, 봄을 여는 소리였다. 겨우내 움츠려 지내다가 기지개를 켜듯 봄을 여는 힘찬 소리였다.

그렇다. 창간 60주년 회갑을 기념하는 삼일절 단축마라톤대회 겸 건강달리기대회는 발 냄새 나는 양말을 자기 것이니 벗어달라고 생떼를 쓰듯 하는 일본의 독도 망언을 2백만 강원도민들이 달려가며 한꺼번에 날려버린다는 의미를 담고 있었다.

평창 동계올림픽이 꼭 유치되기를 기원하는 큰 뜻이 출렁이고 있어 그 어느 때보다도 가슴이 벅찼다.

달려가는 길은 희망이요 만남이다. 멀리 고성 군청 광장에서 출발한 건각들은 해양심층수 개발의 꿈이 이루어지기를 소망하며 달리고 철원 군민들은 통일이 속히 이루어지기를 염원하며 달려 나간다. 강릉 종합운동장에서 문을 연 건강달리기는 단오제가 세계문화유산으로 지정되기를 희망하며 달리고 원주 시민들은 강원도의 미래 산업도시를 기원하며 달려 나간다. 그러므로 삼일절 건강 달리기대회는 소망이며 확신이다.

소양강 다리를 건너는 행렬은 눈부시다. 화창한 봄볕을 받아 젊음이 넘치고 있다. 아파트 창가에서, 길거리에서 바라보는 마라톤 물결은 봄을 확인하는 행렬이다. 멀리 북한강과 소양강이 만나는 중도에도 봄이 오는 소리가 들려오는가 싶어 건각들은 가쁜 숨을 몰아쉬다 말고 건너다보고 있다. 자, 이제 시작이다.

속초상고, 춘천농공고, 강원체고에 이어 상지여고 선수가 골인하고 있었다. 뒤를 이어 지난해 이 대회 우승을 했다는 강원중, 소달중, 임계중, 설악여중 선수에 끼어 금산초교에 다닌다는 남매 선수가 카메라 앞에 포즈를 잡고 있었다. 이 대회는 분명 몬주익의 영웅 황영조 선수 같은 꿈나무를 키워내는 마라토너의 등용문임에 틀림없다는 확신이 들었다.

학생 선수들의 뒤를 이어 여러 단체 유니폼을 입은 아마추어 선수들이 들어와 물도 마시기 전에 눕는다. 무럭무럭 김이 나는 몸으로 화사한 봄볕이 내리고 있다. 자, 이제 진정 봄이다.

언덕 위의 하얀 집

그를 포함해 우리들이 학창시절을 보냈던 도시를 사람들은 흔히 호반도시라 불렀다. 수력자원을 얻기 위해 거대한 옹벽으로 댐을 막아 생긴 인공호수가 세 개씩이나 있는 도시에서 우리들은 중고등학교를 다녔다.

특히 방학을 빼고 거의 매일 그의 등하굣길은 도심을 연결하는 긴 다리를 건너야 했다. 그의 집은 도시의 북쪽, 강 건너 너른 버덩 한 가운데 자리잡은 동네에 있었기 때문에 중학교를 졸업하고 시내에 있는 고등학교와 대학교를 다니기 위해서는 언제나 호수같은 넓은 강을 건너 등하교하는 번거로움을 감수했다.

강 건너 도시의 서쪽에 자리잡고 있는 교육대학을 1년 마치고 나서 그의 모습이 갑자기 교정에서 사라졌다. 이런 경우는 정말 사라졌다, 라고 표현해야 맞을 것이다. 길고긴 겨울방학을 보내고 잔설이 아직 남아있는 3월의 교정에서 수강신청하는 그의 모습은 찾을 수가 없었다. 그의 거무튀튀한 얼굴이 보이지 않게 되자 그와 함께 고등학교를 졸업한 동기생들은 물론 그림자처럼 붙어 다니던 급우들조차 그가 왜 등교하지 않는가로 수군거렸다. 그러나 아무도 그의 행방에 관해 아는 친구는 없었다. 그는 우리들 앞에서 연기처럼 사라졌던 것이다.

당시 교육대학은 2년만 다니면 초등학교 교사라는 비교적 안정된 직업을 얻을 수 있는, 취업이 완전히 보장되는 교원양성 학교였고, 그런 까닭에 대학에 합격하기가 여간 힘든 일이 아니었다. 그럼에도 불구하고 그는 남들이 부러워하는 대학을 과감히 버리고 잠적해버린 것이다. 다른 대학에 비해 엄청 싼 등록금인데도 그 쥐꼬리만한 등록금을 마련하지 못해 주저앉은 것은 아닐까, 등록금을 마련하기 위해 공사판에 다니다가 다쳐서 혹시 병원에 장기 입원한 것은 아닐까, 그를 아는 친우들은 만나면 그의 묘연한 행방에 대해 끌끌, 혀를 차며 걱정 섞어 궁금해하다가 그해 5월 초순 중간고사가 시작되면서 그의 행방에 대해 입을 여는 친구조차 없어졌다. 그는 우리들의 기억에서 수증기처럼 사라졌던 것이다.

여학생들과 군복무를 이미 마친 남학생들은 졸업과 동시에 발령을 받고 초등학교 선생님이 되어 근무지로 떠났고 일부 남학생들은 앞서거니 뒤서거니 군복무을 위해 입대했다. 나 역시 초등교사 자격증은 따놓았지만 발령을 받지 못한 채 입대통지서를 받고 1월 초순에 논산훈련소로 떠났다. 그렇게 군대생활과 제대 후 취업 문제로 그의 종적에 대해서는 까맣게 잊고 세월을 지냈다. 그러던 어느 날, 동문들이 많이 모이는 친구의 결혼식장에서 그의 행방이 알려졌다.

교육대학을 1년 마치자마자 종적을 감추었던 그가 공군조종사가 되어 충청도 어딘가의 전투비행단에 근무한다는 소식을 듣게 되었다. 놀라운 소식이었다. 제각각 군복무를 마치고 이럭저럭 안정된 교직생활에 길들여 갈 무렵에 접한 그의 소식은 부럽고도 충격적이었다. 시험 때나 겨우 책장을 뒤적이는 척하다가 졸업장과 함께 자격증 따면 선생님이 되는 공식적인 진로선택을 거부하고 그는 우리들 몰래 하늘을 나는 꿈을 꾸었던 것이다. 줄지어 떼지어 몰려다니다가 밤늦게 귀가해서는 팽개쳤던 국어 영어 수학 문제집을 다시 펼쳐들고 밤을 새웠을 그를 생각하다말고 치를 떨었다.

독하고 모진 녀석이었다. 그렇게 그는 친구들을 따돌리고 공군사관학에 당당히 합격하고, 힘들고 어렵다는 사관생도 4개년 과정을 거쳐 빛나는 소위 계급장을 달고 임관했다고 전한다. 그리고 대위 계급장을 달고 대한민국 공군 조종사가 되어 하늘을 날고 있다니.

용산역에서 장항선 열차를 타고 두어 시간 창밖을 내다보며 언제쯤 시원하게 트인 바다가 나타날까 차창 밖을 기웃거리다가 당도하는 곳이 보령이다. 그가 보령에다 둥지를 틀었다는 소식을 듣고 나는 또 놀랐다. 공군 대령으로 예편하고 곧장 대한항공에 취업해 국제선만 십여 년 운항했다는 민간항공기 조종사가 바닷가 마을에 정착했다니, 궁금했다.

동기생들이 그의 초대을 받고 보령으로 달려갔다. 보령에서도 승용차로 10여 분 더 들어가야 나타나는 그의 집을 다녀온 뒤에 쏟아지는 소식들을 챙겨 듣다보니 마냥 부러웠다. 부러워하는 마음 뒤에는 이내 궁금증이 뒤따랐다. 그가 왜 바닷가 마을을 선택했을까.

조종간을 잡고 태평양과 대서양, 인도양을 수없이 반복해 운항하면서 눈이 아프게 본 것이 하늘 아니면 끝없이 펼쳐진 망망대해였을 터인데도 퇴직하고 여생을 보낼 둥지를 바닷가 옆에다 정하다니, 그에 대한 궁금증은 점점 깊어졌다.

학교 다닐 때도 지겹게 본 것이 호수같은 강이었을 것이다. 등하교 때마다 짜증나도록 보고 겪은 것이 강이요 호수였다. 해마다 물난리를 겪으며 공포에 떨어야 했던 곳이 지대가 얕은 강 건너 마을이었다. 폭우가 내리는 날 등하굣길은 얼마나 귀찮고 힘들었을까. 그런 그가 물가를 싫어할 만도 한데 바닷가가 내려다보이는 언덕 위에다 집을 지었다니.

군산에 사는 맏이네 집에 들렀다가 틈을 내어 바닷가 그의 집을 찾았다. 용머리해수용장 입구였다. 둔덕에 별장같은 하얀 집이 세 채 보였다. 화단을 정리하고 있던 부부에게 그의 이름을 대니 대뜸 알려주었다. 디자인이 서로 비슷해 순서를 정해 알아두어야지 그렇지 않으면 실수하기 딱 맞을 정도로 집 구조가 아주 비슷했다. 생김새가 거의 비슷한 언덕 위의 하연 집을 바라보면서 지인들과 함께 낙향했을 것이란 심증을 굳혔다. 그랬다. 작당모의해서 함께 집을 지었다고 그가 말했다.

하늘에서 늘상 내려다보이는 망망대해가 그렇게 어질고 예쁠 수가 없었다고 했다. 연안이 가까워질 무렵이면 섬과 섬 사이로 선박들이 느린 속도로 스쳐가고 작은 선박이 모선을 향해 물거품을 뽀얗게 내품으며 다가서는 모습이 마치 어미 품에 안기는 어린 새끼 같아 눈시울을 붉혔다고 그가 말했다. 하늘을 날다가 문득 바다에 착륙하고 싶다는 유혹을 몇번인가 견뎠다고 해수욕장길을 걸으며 그는 술회했다. 하늘은 너무 단순하고 망망했었어. 이상기류가 닥쳐올 때는 몹시 두려워 당황하기도 했었고 공포감마저 느껴 자신도 모르게 입술을 떨며 어머니를 부른 적도 있었다고 했다.

바다는 뭐 안그러냐? 바다가 성나면 하늘보다 더 힘들 걸세. 정체 모를 해류와 태풍을 만나면 난기류보다 더 힘들고 공포스런 과정을 겪기야 바다도 마찬가지겠지. 그렇다 하더라도 바다가 더 모성이 강하다는 인상을 받았다고 그는 고백했다. 그때부터 그는 조종간을 놓고 육지 생활을 시작하게 되면 바닷가 부근에다 집을 장만하고 바닷사람들과 어울려 여생을 보낼 결심을 굳혔다고 했다.

소망하던 대로 마음에 맞는 지기 셋이서 보령 용두리 언덕 위에다 그림같은 집을 지었다. 날씨 좋은 날 낚시도구 챙겨 배를 타고, 직접 잡은 물고기로 음식상을 차리는 게 꿈이었던 일이 이제 시작된 것이라고 그가 웃었다.

그의 집 거실에는 낚시도구를 비롯해 사냥총도 보였다. 마당에는 정성스럽게 가꾼 정원이 보기좋게 초가을 날씨에 빛나고 있었다. 이런 시골마을에서 동네 사람들과 더불어 살기 위해서는 그 사람들과 함께 친구가 돼야 한다고 말했다. 1주일에 나흘 정도는 그들과 함께 고깃배도 타고 밭에도 나가 일손을 돕고, 고속도로 건너편 산에 올라 토끼몰이도 나간다고 했다. 멀리 대둔산에 있는 수렵장에 다녀오기도 한다고 했다.

나는 그가 해군사관학교나 해양대학교를 졸업했다면 멋진 항해사가 되었을 것이란 상상을 했다. 꿈을 꾼다는 것은 얼마나 멋진 일인가, 꿈을 실현하기 위해 노력하는 모습은 또 얼마나 아름다운 것인가를 곰곰 생각해보았다.

산에 올라 보지 못한 사람은 숲을 노래할 수 없는 것처럼 하늘에서 바다를 내려다보지 못한 사람은 바다의 모성을 모를 것이다. 바다에 대한 그의 모성이 새삼 따뜻하게 느껴졌다.

라디오에 귀를 기울인다

춘천의 예술인들과 함께 야마구찌 현을 방문했을 때였다. 현립 미술관에서 열리고 있는 마네 전展을 감상하고 몇 군데 전시관을 거쳐 귀국선물을 사기 위해 백화점에 들렀다.

전자백화점에서 쏘니 라디오 한 대를 샀다. 일본제품이 우수해서가 아니라 산책이나 여행 때 간편하게 휴대할 수 있는 수첩 크기만한 라디오가 눈에 띄었기 때문이었다. 아니 좀더 솔직해 보자. 진열해 놓은 휴대용 라디오 밑에 3천2백9십 앤이란 가격 때문일 것이었다. 하나 더 사서 진해 해군사관학교에서 어렵게 공부하고 있는 막내딸에게 보낼까 하다가 생각을 접었다.

아침 산책코스는 강원대학교 주변을 한 바퀴 도는 산책로이거나 종합운동장 트랙이다. 좀 단조롭다 싶으면 공지천 조각공원 잔디밭을 돌며 세월 참 빨리 간다는 것을 실감하기도 한다. 어떤 때는 자전거를 타고 공지천 둑길을 달리기도 한다. 아침 산책길에는 언제나 일본에서 사 온 쏘니 라디오가 손에 들리게 된다.

FM 음악이 나오기 전 7시까지는 주로 아침 뉴스에 이어 시작되는 시사프로그램을 듣게 된다. 텔레비젼에서 보거나 신문에서 읽을 수 없는 다양한 정보가 소개되어 유익한 시간이기도 하지만 아나운서의 명쾌한 진행은 한 모금 청량음료를 마신 것처럼 답답하고 어수선하던 심사를 뻥 뚫리게 해줘 요놈 참 잘 샀구나 할 때도 있다.

이탈리아가 한국 축구에 패배했을 때 개국 이래 최대의 수모라고 분노하는 밀라노의 표정을 전해들은 것도, 방사성 폐기물을 부안에 유치하기로 결정한 군수와 그것을 반대하는 의회 지도자와의 전화대담을 들은 것도 바로 그 시사프로그램이었다. 여중생이 미군 장갑차에 치어 희생된 뒤 첨예하게 한미 갈등으로 진행되는 과정도 라디오를 통해서 더 구체적으로 알게 되었다.

강원대 뒷산 산책로, 조각공원 잔디밭, 공지천 둑방 자전거 도로를 걸으며 음악을 들을 때는 참 행복하다는 생각을 한다. 낯설은 노래이거나 귀에 익은 곡이거나 간에 클래식 음악을 듣고 있으면 영혼까지 말끔히 씻기는 기분이 든다. 클래식 음악을 들려주면 꽃이 더 예쁘게 핀다든지 소의 젖이 잘 나온다는 말이 맞는다 싶었다.

일본에서 구입한 쏘니 라디오의 진가는 2002년 월드컵 축구

경기 때 유감없이 발휘되었다. 후배의 딸 결혼식은 월드컵 축구 대 스페인전이 벌어지는 오후, 서울 연세대 동문회관에서 있었다. 서울에 도착할 무렵부터 경기는 시작되었다. 혹시나 해서 라디오를 주머니에 넣고 갔었다. 고층 건물과 수많은 전선 때문에 대절버스에 장착된 텔레비젼은 화면이 끊기기 일쑤였다. 나는 준비해 온 라디오의 볼륨을 높이고 가끔씩 경기내용을 차안의 하객들에게 소개했다. 모두 부러운 눈치였다.

결혼식이 끝나고 식장 옆에 마련된 연회장으로 장소를 옮겼다. 피로연장에는 텔레비젼이 없었다. 이런 건물에 텔레비젼 한 대 준비해 두지 못했냐며 여기저기에서 불만이 쏟아져 나왔다. 그때 나는 약간 우쭐대며 라디오를 꺼냈다. 볼륨을 한껏 높였다. 웅성거리는 소리 때문에 잘 들리지 않았다. 이어폰을 끼고 경기내용을 중개하기 시작했다.

"무승부로 경기 끝나고 승부차기로 들어갔습니다!"

소리치자 장내가 조용해졌다. 음식을 먹느라 분주하던 시선들이 모두 내 입으로 모아졌다. 나는 정말 중개방송을 하듯 한 골 한 골 들어갈 때마다 주먹을 쥐었다 폈다 하며 골 숫자를 수신호로 보냈다. 그때마다 환호성이 터졌다.

마침내 스페인 선수가 실축하고 우리 한국팀이 4강에 오르는 순간 하객들은 구두를 신은 채 의자 위에 오르거나 아예 식탁에 올라서서 발을 구르며 '대-한민국!'을 외쳤다. 나는 라디오를 움켜잡고 찔끔 눈가를 닦았다.

텔레비전이나 컴퓨터는 이 시대를 살아가는 현대인에게 없어서는 안될 필수품이요 그래서 필요악이지만 날이 갈수록 선정적이고 유치해져서 불안한 마음이 들 때가 많다. 자연스레 라디오가 더 가깝게 친구가 된다. 요즘도 쉬는 날이면 외투를 걸치고 강변 아파트에서 소양강을 끼고 우두산에 이르는 강변로를 걸으며 라디오를 듣는다. 클래식이든 대중가요든 혹은 시사프로그램이든 상관하지 않는다.

고독과 함께 돋아나는 속삭임을 듣는다. 이 한가로운 나만의 시간, 참 즐겁고 행복하다.

응원

“붉은 악마들은 이제 그만 집으로 돌아가시기 바랍니다.”

시사정보 프로그램이 거의 다 끝나갈 무렵이었다. 손석희 아나운서가 시종일관 한국과 폴란드와의 축구 경기를 화제로 국내외 통신원들과 전화대담을 나누던 터라 분위기를 띄우면서 방송을 마감하려고 농담 한마디 던지는 줄 알았다. 그러나 실제상황이었다. 그는 걱정스런 목소리로 몇 마디 덧붙이고 있었다. 나는 손에 들고 있던 라디오에 귀를 모았다.

“집에서 부보님들이 기다리고 있다는 시민들의 제보가 잇따르고 있습니다. 이 방송을 듣는 즉시 집으로 돌아가십시오. 아침 먹고 학교 가고 회사에도 출근하셔야 될 것 아닙니까?”

운동장 4백 트랙을 빠른 걸음으로 돌다 말고 나는 혼자 소리내어 웃고 말았다. 앞서거니 뒤서거니 트랙을 돌다가 좀 수상해 주위를 살펴보았다. 사람들이 혼자 웃으며 걸어가는 내 모습을 쳐다보며 고개를 갸우뚱했다. 실성한 사람으로 보여도 좋고 좀 모자란 사람으로 보여도 좋은 아침이었다. 우리 한국팀이 유럽의 강호 폴란드를 꺾고 16강 진출을 확정짓는 순간이었으므로 아무래도 좋았다. 저절로 대-한민국! 응원의 함성을 따라 두 손을 번쩍번쩍 쳐들고 싶은 심정이었다.

지난 밤, 우리들은 얼마나 열광했던가. 전후반 90분 경기가 모두 끝났어도 텔레비젼 화면은 좀처럼 꺼지지 않았고 우리들의 마음도 이내 잦아들지 않았다. 드디어 해냈다는 성취감 때문에 좀처럼 잠도 오지 않았다. 한국과 폴란드와의 격전이 벌어졌던 부산 아시아드 경기장에서 두 주먹 불끈 쥐고 목이 터져라 오! 필승 코리아를 외쳤던 붉은 악마들이 그랬을 터이고 부산역 광장이나 서울 잠실 야구경기장, 춘천의 수변공원 자동차 극장 등, 전국 어디서나 붉은 유니폼을 입고 "짜작 짜 짝짝, 대-한민국!" 을 환호하며 열광적으로 응원했던 붉은 악마들이 승리의 도취감으로 뜨겁게 달아오른 마음을 식히지 못해 동이 튼 아침까지 거리를 헤매였을 것이었다.

16강 진출이 확정된 지난밤은 분명 축제의 밤이었고 민족이 하나가 된 날이었다. 손석희 아나운서는 일본 통신원과 전화대담을 통해 일본 프로축구 감독의 말을 전했다. 경기 내용으로 본다면 두 골이 뭐냐, 한국은 폴란드 골네트에 세 골은 더 꽂았어야 된다고 했다. 폴란드 현지 반응도 세계2차대전 이후 최대의 참사라며 한국전과의 참패 때문에 허탈감에서 쉽게 헤어나지 못하고 있다고 유럽 통신원의 말을 흥분된 목소리로 인용했다.

방송을 듣다 말고 나도 모르게 눈시울이 핑 돌아 슬그머니 고개를 숙였다. 밤잠을 설쳐 그런지 여느 날보다 종합운동장에는 아침 조깅을 하는 사람들이 눈에 띄게 줄었다. 종합운동장을 휘둘러보다가 문득 관중석에 시선이 머물렀다. 그때의 감격과 함께 동대문구장의 함성이 들려왔다. 온의동에 있는 춘천종합운동장이나 서울의 동대문구장은 규모나 크기가 거의 같다고 판단했다. 전광판 위치까지도 같으니까 더욱 그럴 것이었다.

난생 처음 동대문구장에 들어가 티비 화면에서만 보았던 명문고교 야구경기를 관전했다. 황금사자기 전국고교야구선수권대회라고 했다. 오랜만에 친구들과 어깨동무를 하고 힘껏 응원가를 불렀다. 99년 가을이었다.

모교의 야구부가 준결승에 오르자 춘천의 동문들은 솥뚜껑에 기름을 부은 것처럼 펄펄 뛰었다. 지방 신문과 방송도 어쩌다 이런 불상사가 발생했냐며 축제의 분위기로 몰아갔다. 야구발전기금을 낸 보람이 이제야 실효를 거둔다며 비아냥대기도 했다.

준결승전에서 강호 천안 북일고를 이기자 창단 이래 최대의 경사라고 흥분하기 시작했다. 축구부는 전국 대회에서 준우승도 하고 공동우승도 했는데 유독 야구부만 부진했던 이유는 '유망선수를 확보하지 못했기 때문이다'와 '동문들의 무관심이다'로 맞서 쟁점화되기도 했다. 아무튼 모교의 야구부가

결승전에 올랐다. 응원하러 동대문구장으로 가자고 아우성들이었다.

경기 시간대에 맞춰 재학생들은 경춘선 열차로 상경했다. 준결승전 때는 1, 2학년만 참가했었는데 이번에는 3학년까지 응원에 합세하는 모양이었다. 춘천의 동문들은 갑자기 전세버스 여러 대를 대절하기가 힘들자 각자 근무하는 관공서의 통근버스들을 동원해 동대문구장으로 출발했다.

동문석으로 들어서자 일찌감치 자리를 잡고 있던 재경 동창들이 손을 들어 반겼다. 녀석들은 부부동반으로 앉아 싸가지고 온 저녁 도시락을 먹는 중이었다. 저녁을 먹고 입장했다니까 그렇다면 목이라도 축이라며 생수병을 건넸다. 한 모금 마시자 목 안이 짜르르 했다. 응원석에서는 술을 마실 수 없으므로 생수병에 술을 담아와 물을 마시는 것처럼 술을 마신다고 했다. 술이 좀 들어가야 열띤 응원전에 들어간다고 익살을 부렸다.

어제 준결승전 때에도 그렇게 마셨다고 했다. 야구장에 응원하러 오는 날이 곧 동창횟날이라고 서울 친구들은 말했다. 야구장에 올 수 있는 날이 몇 번이나 되겠냐며 손가락을 꼽았다. 한국시리즈할 때 어쩌다 한 번 하고, 모처럼 모교 야구부가 예선을 통과하면 그 때나 또 한 번 온다고 했다.

"모교 야구부가 준준결승전에라도 올라주길 바라는 마음 이제야 알겠냐? 그래서 오랜만에 얼굴 맞대고 씨발조발 욕지거리도 하고 별명도 불러대며 한껏 동심으로 돌아갈 거 아니냐?

안그러냐, 짜샤."

그건 그랬다. 그러나 춘천이 지척지간인데도 그놈의 망우리 고개 넘다가, 가다서다를 반복하는 경춘국도에서 시간 다 뺏겨 기진맥진한 채 화도 부근에서 덕소쪽으로 빠져 나와 팔당댐을 먼발치로 바라보다가 다시 서울로 꾸역꾸역 돌아온다고 녀석들은 볼멘소리를 했다. 그 소리가 안쓰러워 나는 또 생수병을 들고 나발을 불었다.

경기가 시작되었다. 모교 재학생들은 상의를 벗은 알몸으로 교가와 응원가를 부르기 위해 일어섰다. 마시던 생수병을 놓고 황급히 모교 재학생들을 따라 교가를 불렀다. 주먹 불끈 쥐고 오른팔 휘두르며 '동서의 영재 모여 이룩한 동산…'을 외쳤다.

술이 몇 모금 들어간 모양이었다. 목구멍이 확 트여왔다. 홍두깨보다 길게 생긴 고무풍선을 부딪치며 우리들은 악을 쓰듯 교가도 부르고 응원가도 부르고 '쿵따리샤바라'와 '소양강 처녀'도 불렀다.

운동장에 불이 켜지기 시작했다. 동대문구장에 들어온 것도 난생 처음이었지만 야간경기를 관전하는 것 또한 처음이었다. 아내와 함께 새벽 2시 남대문 시장에 도착했을 때처럼 어리둥절해져서 가슴이 두근댔다. 나는 얼뜨기 촌놈임에 분명했다.

모교 야구팀은 한 점 차이로 지고 있었다. 9회 말 투아웃, 런너는 세컨 베이스에 진출해 있었다. 작전타임을 마치고 모교 선수가 타석에 들어섰다. 응원은 이제 막바지로 치달았다.

투수가 몸을 틀며 공을 던지려는 찰라 운동장의 모든 소음은 등불이 순식간에 나간 듯이 멈추었다. 순간 탁, 배팅 소리와 함께 정지되었던 모든 동작과 소음들이 일시에 되살아나 운동장을 들끓게 했다. 타자는 퍼스트 베이스를 밟아 보지도 못하고 허리를 꺾었다. 저쪽 광주일고 응원석이 불쑥 솟구쳤다. 쓰고 있던 모자들이 스탠드 위로 올라갔다. 선수들은 코치를 불러내 헹가래를 치기 시작했다. 그러나 모교 선수들은 모자를 벗어 먼지를 털며 쓸쓸히 본부석으로 모여들었다.

"섭섭하지만 결승전까지 진출했던 것만으로 만족하자."

"아무렴, 참 잘 싸웠지."

운동장을 빠져나오자 우리들은 오랜만에 스크럼을 짰다. 언제던가, 교가를 부르며 도청을 향해 진출해 나가듯 우리들은 숭인문로 건너 시장골목으로 쳐들어가 맥주집 하나를 점거했다.

그날 우리들의 화두는 아무나 결승전에 올라올 수 있냐, 였다. 그렇지, 결승전은 아무나 올라오는 게 아니지. 약간 비음이 새어나오는 말투였지만 후배들이 정말 잘 싸웠다는 덕담으로 성찬을 시작했다. 술이 취하자 우리들은 영화 '황태자의 첫사랑'에서 나오는 장면처럼 일어서서 5백씨씨 맥주잔을 부딪치며 축배의 노래를 불렀다. 거리로 쏟아져나와 스크럼을 짜고 한풀이라도 하는 것처럼 목이 터져라 교가를 불렀다. 우리들은 그날 교복을 입은 열아홉 살 고교 3년생으로 돌아가 축제의 밤을 만들었다.

흩어졌던 마음을 모아 승리를 기원하며 함성을 지르고 경기가 끝나면 다시 툭툭 털고 언제 그랬더냐 싶게 평상심으로 돌아가는 것이 응원일 터였다. 그 과정에서 우리는 내 안에 내재되어 있던 에너지를 발견하게 된다. 그것은 뭉치면 이번 응원에서처럼 무서운 파괴력으로 발산된다는 깨달음이었다. 열아홉 살 나이로 껑충 되돌아갈 수 있는 저력이 내게도 있었구나, 를 확인하는 사건이었다.

그 초소에 거위가 있었다

우리 부대는 추수가 끝난 논에다 야전지휘소를 설치했다. 상황판을 보니 공교롭게도 연대 야전지휘소가 들어선 곳이 노동리였다. 실컷 노동이나 해먹으라는 말로 들려서 어감이 불쾌하다는 인상을 받았다. 나는 그때 정확히 제대 일주일을 앞두고 있었다. 다른 부대 같으면 사회 적응을 위해 이미 제대 출발을 했을 터인데 작전상황실은 늘 새벽 1시가 돼야 상황이 종료되는 형편이어서 제대 출발이 늦어지기 일쑤였다. 그러므로 이삼주 전에 미리 제대 출발을 한다는 일은 우리 연대 작전상황실에서는 상상조차 할 수 없는 일이었다.

노동리라는 마을 이정표를 지나자마자 우리를 안내하는 김동호 중위가 전차부대를 가리켰다. 문득 35년 전 제대특명을 받고도 이렇다 할 불평 한마디 해보지 못하고 전방으로 투입되어 몹시 추운 가을밤을 지새웠던 노동리의 악몽이 떠올라 몸을 으쓱해 보였다.

"먼저 이곳 전차중대를 둘러본 다음 포병부대를 거쳐 GOP 부대로 들어가게 됩니다."

칠성부대 1대대 정훈, 공보담당 김 중위가 학군 출신이라며 자기 소개를 먼저 했다.

부대 정문으로 들어서다 말고 일행을 위압하는 황소를 만났다. 녀석은 중량 51톤이나 되는 전차보다 더 험상궂게 우리를 맞이했다.

"저돌적이며 결코 물러설 줄 모르는 황소상을 우리 전차중대 상징동물로 삼고 그렇게 병사들을 훈련시키고 있습니다."

문대광 전차부대장이 중대본부가 있는 막사로 걸어가며 부대를 소개하기 시작했다. 우리를 안내하는 정훈장교나 황소보다 더 추진력이 강한 전차를 지휘하는 중대장이나 모두 앳돼 보이고 귀공자 같아서 자꾸만 웃음이 나왔다. 금년 3월 해군 소위로 임관한 막내딸의 모습이 이들 젊은 장교의 얼굴과 겹쳤다. 그렇게 세월이 흘러가 있었다.

'사랑으로 뭉치자' 라는 내무반 구호가 먼저 눈에 들어왔다. 창밖은 개였다 흐렸다를 반복하며 변덕스럽게 봄비가 내리는데 부사관과 소대원들이 함께 이야기를 나누다 활짝 갠 얼굴로 우리 일행을 맞았다. 나는 아무렴, 사랑으로 뭉쳐서 사랑이 힘으로 남과 북을 하나로 합치게 만들어야지, 혼잣말로 중얼거렸다.

각자의 물건들을 정돈해 둔 관물함 앞에 자기 이름을 적고 집에 두고 온 가족들의 사진들이 몇 장씩 붙어 있어 정겹다는 인상을 받았다. 우리 막내도 자기 관물 앞에 가족사진을 붙여놓고 틈나는 대로 들려다보곤 하겠지. 하고 잠시 생각해보았다.

"고등학교를 졸업하면 고교 동창생이 되듯이 군 생활을 마치면 함께 동거동락했던 군대 동기들끼리 사회에서 전우애를 이어나갈 수 있습니다. 저는 78연대 작전과 출신인데 35년 세월이 지났지만 그때 작전과 출신 전우들과 1년에 한두 번씩 만나 우정을 나누고 있답니다."

내무반에서는 가족처럼 화목하게, 엄무를 추진할 때는 전차처럼 화끈하게 하라고 선배의 입장에서 덕담 한마디 남기고 나왔다.

전차가 굉음을 내며 사열 준비를 했다. 전차장인 부사관이 공격 출동 신고를 했다. 부대장이 신고를 받았다. 헬멧을 쓴 나머지 3명의 병사가 뚜껑을 닫고 탱크 안으로 들어갔다. 4명이 전차 1대를 조종하며 전투기처럼 4대의 전차가 1개 편대를 이룬다고 부대장이 설명했다. 부르릉—.

포신이 좌우로 이동하며 전차 4대가 동시에 출발했다. 전우의 시체를 넘고 넘어 앞으로 앞으로……. 멀리서 군가가 우렁차게 들려왔다.

일몰 전에 GOP를 빠져나와야 되기 때문에 잠깐 포부대를 들렸다가 풍산리로 방향을 돌렸다.

우리는 그때 주파령을 넘어 철책선 가까이에 이르렀다. 소름 끼치는 대남방송이 들려왔다. 전선의 밤은 게릴라처럼 몰래 찾아왔다. 내일 아침이면 상황이 종료되는 시점이었으므로 그날 밤 제대 파티가 벌어졌다. 대대 작전장교가 막걸리를 받아오고 상황실 동료들이 안주를 장만했다. 끈질기게 대남방송이 이어지고 있을 때였다.

어디선가 느닷없이 거위의 울음소리가 들려왔던 것이다. 저건 뭐야? 모두 귀를 나팔통처럼 열고 귀를 기울였다.

당시의 정황을 실감나게 설명한 다음 나는 김 중위에게 물었다.

"지금도 그 초소에서 거위를 기르고 있나요?"

김 중위는 자신이 없는지 고개를 내저으며 휴대전화의 번호를 눌렀다. 이제는 무전기가 아니라 휴대전화로 상황을 물어보는 모양이었다. 잠시 후에 그렇다는 회신이 왔다. 개보다 거위가 집을 잘 지킨다는 근성을 이용해서 이곳 철책선 초소에 거위를 배치해 적의 침투를 차단하는 장비로 활용하고 있다니, 과학과 야생이 공존하는 분단지대…. 만화처럼 재미있게 우리들의 대치상황도 그렇게 재미있게 끝났으면 좋겠다는 대화를 나눴다.

민통선 출입통제구역을 지나 발음하기도 힘든 함묵령을 넘었다. 정상으로 오르는 케이블카가 보였다. 대공초소에 군수품을 나르는 장비라고 했다. 옛날에는 식량과 생필품을 들통에

지고 힘겹게 고지로 날랐는데, 참 편해졌다는 생각을 했다.

눈 아래 북한강 줄기가 내려다 보였다.

"이 지점에서 우로 11키로 내려가면 평화의 댐이고 좌로 15키로 올라가면 북한의 금강산 댐(인남댐)이 나오게 됩니다."

철책선 GOP부대 차호돈 중대장의 보고를 받으며 우리 일행은 만남의 다리, 오작교 아래로 흘러가는 북한강을 굽어보았다. 황쏘가리 서식지라고 했다. 휴전선 최전방 초소를 지키는 병사들의 막사 앞에는 숫자로 된 부대 간판 대신 '차호돈 중대' 라고 써 있었다. 군대는 숫자로 시작해서 숫자로 끝난다는데 이건 또 뭔가?

'김형규 소초장' 이라는 글씨도 중대장 이름 아래 큼직하게 우리 일행을 반기고 있었다. 부대에도 이제 실명제가 도입되었다는 증거물이었다.

먼저 식당으로 들어섰다. 조리실에서 국거리를 다듬고 있던 모양이었다. 밥상보다 더 큰 도마 위에 돼지고기가 손바닥보다 크게 잘려 있었다. 돼지고기를 쳐다보는데 주방장인 듯싶은 고참 병장이 오늘 저녁식사는 돈가스라고 말했다. 주방장의 보고를 들으며 우리는 식당 벽에 걸려 있는 '이달의 식단' 표를 살펴보았다. 치킨버거, 매쉬트포테이토, 야채튀김, 닭볶음탕, 생선가스, 불고기버거, 치즈버거, 햄야채볶음…. 신세대 장병들의 식단표를 보며 나는 혼자 말했다. 세월이 변해도 이렇게 많이 변했단 말인가?

꽁치국은 그래도 비린내가 덜 한 편이었다. 갈치국이 나오면 역한 냄새와 함께 비늘이 허옇게 떴다. 수요일이던가. 일주일에 단 한번 쇠고기국이 나왔다. 잔뜩 기대를 걸고 식당에 가면 쇠고기국이 아니라 쇠고기 삶아낸 샤워국이 나와 투덜대곤 했다. 살코기는 죄다 어디 갔어? 최전방 우리들의 막내들이 먹고 있는 식단표를 살피며 나는 그때 의구심 일던 모든 것들을 조용히 묻어버리기로 했다.

부엌살림을 보면 그 집 사정 다 안다는 옛말처럼 의식주에 대해 캐묻지 않기로 했다. 넉넉하고 푸짐하다고나 할까. 수신자부담 전화기가 있고, 유선으로 연결된 TV로 스포츠 중계도 볼 수 있는 신세대 병사들의 막사에 앉아 나는 35년 전 나의 군복무 시절을 회상해보았다. 생식기를 동반한 언어폭력과 기압에 구겨졌던 스물세 살의 자존심들. 지금은 구타, 욕지거리 같은 가혹행위가 근절되었다고 한다. 특히 전방 GOP부대에서는 금기사항으로 여긴다고 했다. 그래도 불편한 점이 많다고 병사는 말한다.

"면회 오면 대대에서 그냥 돌아가야 해요."

GOP 근무가 끝나는 1년 안에는 외출외박도 면회도 없다고 한다. 전방초소 지휘관들은 이런 점에 관심을 가지고 병사들을 관리한다고 차 대위는 말했다.

오락가락하던 비가 잠시 소강상태를 보였다. 그 지겹던 대남방송이 들리지 않았다. 휴전선 일대가 모두 지금은 소강상태였다. 철책선 대공초소에서 묵묵히 북쪽 하늘을 주시하고 있는 병사들을 바라보고 있다가 훈련 상황이 종료되던 날 제대회식 자리에서 혀 꼬부라진 목소리로 울부짖던 내 모습이 떠올랐다.

"차라리 여기가 압록강이나 두만강 국경지대였으면 좋겠다구요. 러시아 하고 중국과 맞서 기동훈련을 마친다는 상황 말입니다."

언제 이 답답하고 안타까운 마음이 걷힐 것인가. 505 대공초소에서 바라보는 북녘땅은 그저 고즈넉하기만 했다.

틀니 수송 작전

문소회 월례 모임에 나갔을 때도 틀니를 빼놓고 오는 실수를 저질러 아내에게 꾸지람을 들었다. 해 넣은 지 얼마 되지 않아 거북하고 불편했다. 질긴 음식을 씹을 때는 고통스럽기까지 했다. 틀니가 아직 제자리를 잡지 못한 탓이었다. 우안이 마련한 자리여서 더욱 맛있게 먹으려고 음식상 앞에 다가 앉았다. 음식을 씹다가 참을 수 없을 정도로 불편해 컵에다 틀니를 빼놓았다. 그러나 너무 거북해 음식을 자연스럽게 씹을 수가 없었다.

저녁 회식을 마치고 집으로 돌아왔다. 틀니 때문에 대충 끼니를 때웠던 탓에 곧 시장끼를 느꼈다.

제누리를 마친 다음 다시 틀니를 낄 참으로 식탁 밑을 더듬었다. 아뿔싸, 틀니를 그냥 두고 집으로 돌아온 것이었다. 그것도 영업시간이 끝날 무렵에서야 틀니를 두고 온 것이 생각났으니 아내가 곱살스럽게 보아줄 리가 없다.

"그게 돈이 얼마나 들어간 건데. 글쎄, 그러다 길도 들기 전에 분실할까 걱정이라구."

1군사령부 정책자문위원 자격으로 전방부대 철책선 병영체험을 떠난다고 짐을 챙길 때도 지난번 해물칼국수집에서 틀니를 분실할 뻔했던 일을 떠올리며 아내는 신신당부했다.

"틀니 꼭 챙겨요. 전방부대에서 잃어버리면 누가 찾아줄 사람도 없다구요."

그런데 일은 벌어졌던 것이다. 최전방 철책선 부대 중대본부 생활관에서 아랫니를 두고 온 것이었다.

흑산도 건너편 섬 장도에 희귀하게도 고층습원이 있더라는 말을 들은 함광복 위원은 눈빛을 세우며 곧장 앞자리로 옮겨 앉아 대암산 용늪(고층습원)에 대해 설명했다. 민들레가 군화발에 묻어 해발 1천2백 미터 그 높은 용늪에까지 번식하게 된 내력을 시작으로 해안분지 형성과정과 펀치볼이란 지명에 대해 재미있게 풀어놓았다. 6.25 한국전쟁 때 미 종군기자가 해안분지를 화채그릇과 흡사하다 하여 펀치볼이라는 지명으로 본국에 기사를 송고하면서 명명되었다고 했다. 동서의 길이 8,5 남북의 길이 7.5km의 거대한 해안분지는 요즘 소양강을 탁수로 만드는 고랭지채소단지 때문에 문제가 심각하다고 함 위원은 설명했다. DMZ 생태전문가다운 면모를 확인하는 순간이었다.

해안분지에 대한 설명을 마쳤을 때 우리 1군사 자문위원을 태운 25인승 중형버스는 해안마을을 통과하고 있었다. 초소에서 상지대 김성훈 총장을 모신 승용차와 합류하고 이내 제4땅굴로 진입하는 가파른 작전도로로 들어섰다. 해안분지가 한눈에 들어왔다.

백두산부대장을 비롯해 00연대장, 참모들이 4땅굴 휴게소 광장에서 우리 일행을 반갑게 영접했다. 악수를 나누는데 눈발이 휘날렸다. 누군가 말했다. 첫눈도 우리 일행을 영접하고 있다고.

눈발이 날리면 걱정이 많을 텐데도 반가운 모양이었다. 목소리에 설렘이 묻어났다. 가칠봉 아래 최전방 지역에서 첫눈을 맞다니, 전혀 어울리지 않는다고 생각하면서 나도 썰렁하게 웃었다.

안보관에서 간단하게 부대 현황과 남침용 땅굴에 대해 설명을 들은 다음 우리 일행은 제4땅굴 안으로 들어섰다. 걸어서 3백여 미터를 들어간 다음 전동차로 옮겨 1키로미터를 더 들어가자 북한군이 파들어 온 흔적이 역력한 토굴 현장을 둘러보았다. 북한군이 써놓은 구호도 확인했다. 지하수 경사면을 북쪽으로 흐르도록 작업한 흔적이 분명한데 급진세력들은 한때 제1땅굴을 우리가 파놓고 조작한다고 우겨댔던 사실을 상기시키며 김성훈 위원장은 그 사람들을 한번 이리로 데리고 와서 확인시켜 줄 필요가 있다고 강조했다.

4땅굴은 백두산부대 작전지역이고 지척에 있는 전망대는 을

지부대 관할이라고 우리를 인솔하는 1군사 송 처장이 전방을 가리키며 말했다. 그러나 우리를 태운 중형버스는 눈길을 오르지 못하고 헛바퀴를 돌리다가 끝내 운행을 멈췄다. 전망대에서 4륜 구동력을 갖춘 지프차가 내려왔다. 해안분지는 이제 눈발에 휩싸여 보이지 않았다.

아깝게도 근접한 거리에 있는 북한군 초소를 바라볼 수 없었다. 눈보라에 묻히기도 했지만 이미 어둠이 내리고 있었기 때문이었다. 을지부대장을 비롯해 연대장, 대대장, 참모들과 기념촬영을 마치고 문을 나서는데 정훈참모가 압착시킨 누룽지를 쟁반에 담아와 한번 시식해 보라고 권했다. 최전방 GOP부대에서 중령 계급장을 단 여군 장교가 누룽지를 먹어보라고 권하는 것을 지켜보며 참 세월 많이 달라졌다고 생각했다.

지프에 분승하여 우리 일행은 을지부대 서측대대 중대본부로 향했다. 김상수, 권혁순 위원과 함께 나는 사단장이 직접 선임탑승한 지휘관 지프를 타는 영광을 누렸다.

내무반을 요즘은 생활관이라고 불렀다. 우리 일행은 두 패로 나뉘어 생활관에 배정되었다. 생활관으로 들어서자 나는 착각을 했다. 최전방 초소근무자들이 묶고 생활하는 공간으로써는 나무랄 데 없는 시설이었다. 유스호스텔과 거의 동급의 수준이 이곳 전방부대 생활관이 아닌가, 라고 나름대로 생각해 보았다. 깨끗하고 편안한 모습으로 개인용 침대와 생활용품이 들어있는 관물함, 피복들이 가지런히 놓여 있었다. 나는 또 한번 세월이 흘러간 만큼 군대생활도 많이 변했다는 생각을 했다.

관물함 한켠에 편지봉투가 눈에 띄었다. 펼쳐보니 A4 용지에 중대장 이름으로 1박2일 전방부대 경계근무체험에 도움이 되는 안내글이 깔끔하게 적혀 있었다. 자상한 배려였다. 문득 이런 생각이 들었다. 을지중대 중대장 같은 지휘관이라면 자식들을 마음 놓고 전방부대에 보낼 수 있을 것이라고.

GOP 초소 근무자들과 함께 식당에서 저녁식사를 한 다음 우리들은 몇 십년만인가, 양복을 벗고 얼룩무늬 전투복으로 갈아입었다. 중대장으로부터 자상하게 근무요령을 들었다.

우리는 전반야 근무조였다. 중대장과 소초장의 안내를 받으며 한둘씩 초소에 배치되었다.

철책선에 보안등이 켜지자 불나비처럼 눈발이 거칠게 휘날리는 모습이 눈에 들어왔다. 남과 북측의 비방 방송이 중단된 휴전선에는 눈보라와 함께 무거운 침묵만이 감돌고 있었다. 나는 소총을 어깨에 메고 무겁게 어둠이 깔린 철책선 전방을 응시했다.

가끔 초소 근무자가 전화로 근무상황을 보고하는 소리를 들었다. 초소 밖에서 순찰하는 근무자와 10분 간격으로 교대하고 있었다. 병사에게 고향과 친구와 군대생활에 대해 몇 가지 물었다. 한 녀석은 다음 주에 휴가 마치고 돌아오면 제대라고 했다.

그렇다. 나도 제대 출발 3일을 남겨두고 7사단 전방지역에서 대항군 훈련을 마친 때가 있었다. 북한 124군 부대의 서울 침투사건 덕분에 복무기간이 6개월 늘어난 시기였다.

상황이 종료되자 최 병장 제대 회식을 여기서 하자며 대대 작전장교들이 상황실로 찾아왔다. 작전과 요원들과 함께 술범벅이 되었다. 3대대 작전장교로 기억된다. 내게 제대 소감을 물었다. 나는 그때 이렇게 말했던 것으로 기억한다.

"우리는 지금 한반도의 허리, 남북이 대치된 상황에서 기동훈련을 하고 있잖아요? 이런 훈련이 압록강이나 두만강 국경지대에서 작전을 벌이고 있다면 얼마나 좋겠습니까?"

술기운 때문이었을까. 나는 그때 울먹였다. 울먹이는 목소리로 외쳤을 터였다. 그러나 40년 세월이 흘렀는데도 아직 휴전선은 더 두껍게 철책선으로 중무장되어 있다. 이것은 엄연한 현실이다. 나는 소총을 멘 손아귀에 힘을 주었다. 우리의 아들딸 세대에는 통일이 될 것이라는 예상은 허상으로 끝날 것인가.

밀어내기 근무라고 했다. 시간이 되면 아래 초소에서 근무자가 올라와 떠밀어내면 여기 초소 근무자는 위 초소로 올라가는 식이다. 그렇게 떠밀려 9시경 대기초소로 옮겨가니 컵라면이 기다리고 있었다. 또 한번 놀라야 했다. GOP 경계 근무하다가 라면을 끓여 먹다니. 신세대 사병답게 컵라면에 치즈까지 한 장 넣어 먹기 시작했다. 추위를 감싼 복장은 둔해보였지만 얼굴 표정은 밝고 야무져 보였다. 제대를 며칠 앞둔 이 아무개 병장이 권하기에 나도 컵라면을 받았다. 맛이 훌륭했다. 나도 신세대 사병이 된 것처럼 웃었다.

위원님들의 건강을 염려해서 10시에 철수하면 어떻겠냐는 중대장의 권유가 들어왔지만 무슨 얘기냐고 일축했다. 백명임, 신두옥 두 여성 자문위원들은 9시에 이미 철수했다고 전해왔다. 큰소리쳤지만 방한복의 무게도 만만찮았고 긴장한 탓으로 허리가 쑤셔오고 있었다. 콧물이 줄줄 흘러내렸다. 기관지가 약한 내게는 당연한 현상이었다.

11시쯤 되었을까, 소대장이 GOP 초소에 투입되었던 다른 위원들을 앞세워 우리 초소에 도착했다.

"어제 아침이 영하 16도, 체감 온도 27도로 올 겨울 들어 가장 추웠습니다. 오늘은 그래도 많이 누그러졌는데요."

소대장이 말했다. 많이 누그러졌다는 온도가 현재 시간 영하 10도였다. 눈발은 아직 멈추지 않은 채 병영의 밤은 깊어가고 있었다.

길이 얼어붙으면 차량을 움직이기 어렵다고 했다. 걸어서 고지를 내려가야 하므로 6시에는 기상해야 한다는 기별이 왔다. 11시까지 1군사령부에 도착해야 되기 때문이라고 했다.

간식으로 붕어빵이 접시에 담겨왔다. 금방 빵을 구워냈는지 따뜻했다. 빵틀이 중대에서 비치되어 있다고 했다. 붕어빵보다는 크으, 소주 한잔이 몹시 그리웠다.

다음 날 아침, 눈을 뜨자마자 양 소령이 차량을 움직일 수 있다고 전해왔다. 관물함 정돈을 마치고 밖에 나가니 백두대간을 온통 붉게 물들이며 해가 떠오르고 있었다. 모두 함성을 질렀다. 우리들은 전방 초소에서 근무하고 있는 모든 장사병들의 건강과 행운을 간절히 기원했다.

문제는 경계근무체험을 마친 뒤에 발생했다. 천도리회관에서 아침식사를 마치고 화장실로 양치질을 하러 들어갔을 때였다. 아랫니를 1천39고지 을지중대 생활관 관물함에 두고 온 것이 생각났다.

"어라, 내 틀니?"

외마디 소리를 지르자 전태원 위원은 내가 농담을 하는 줄 알았고 권혁순 위원은 드디어 일이 벌어졌다는 위기감을 느꼈다고 했다. 난감한 상황이란 바로 이런 때일 것이다. 출발하는 중형버스 안에서 다급하게 양 소령에게 틀니를 관물함에 두고 왔다고 상황보고를 했다

버스 안은 순식간에 폭소의 아수라장이 되었다. 허리를 꺾는 위원들의 모습도 눈에 띄었다. 중대장의 안내글이 떠올랐다. 거기에 연락처 전화번호가 있을 것이다. 참고가 될까 해서 가방에 넣어가지고 온 봉투를 꺼냈다. 휴대전화를 알게 되면 직접 전화 걸어서 군사우편으로 틀니를 보내주면 될 것이라고 말했다.

반주 기운도 있고 밤새 뒤척이던 몸이어서 피곤할 판인데 앞으로 전개될 '틀니 수색작전' 때문에 자문위원들은 왁자지껄

원기를 회복한 모습들이 역력했다. 그러나 앞좌석에 앉은 송 처장은 무엇인가를 골똘히 생각하는 모양이었다.

어제 우리 일행을 태우고 온 1군사 소속 버스는 아직 눈길에 발이 묶여 을지전망대로 오르는 작전도로에서 해가 퍼지기를 기다리고 있을 터였다. 우리는 12사단 소속 소형버스를 타고 있었다. 양 소령이 두고 온 틀니를 찾기 위해 휴대전화를 들었다. 그때였다. 송 처장이 양 소령에게 명령을 내렸다.

"지금쯤 아침 청소시간일 테니까 즉시 병사들을 동원해 찾아가지고 지체없이 전망대 앞에서 체인을 감고 있을 버스 운전병에게 전달하라고 해."

아침식사는 어떻게 했어요?로 시작해서 다시 웃음끼 섞인 목소리가 일상적인 대화들이 오고갔다. 잠시 뒤에 양 소령이 휴대전화를 받으며 말했다.

"최 위원님, 찾았답니다."

또다시 웃음이 솟아올랐다.

권 위원이 김상수 위원에게 말했다. 명경대에 써. 틀니 수송작전. 아니면 틀니 드디어 주인을 찾다. 김 위원이 받았다. 틀니 전방에 가다. 옆에서 원주 박원일 위원이 거들었다. 틀니 수색작전 하니까 무슨 X-파일명 같네요.

동행한 위원들은 농담 삼아 한마디씩 했지만 나는 곤욕이었다. 끓어오르는 수치심과 부주의에 대한 자책감으로 얼굴이 후끈거렸다. 틀니를 해 끼운 지 얼마 되지 않았기 때문에 잇몸이 가끔 붓기 일쑤였다. 견디다 힘들면 아랫니를 컵에 담아 식탁 아래에 슬그머니 밀어두고 식사를 하곤 했다. 지난 번 문소회 모임 때도 틀니를 식탁 아래 그냥 두고 귀가하는 사태가 발생했었다.

"누구나 늙으면 다 실수하게 돼 있어. 남의 일이 아니야."

백 위원이 좌중을 둘러보며 말했다. 남의 일이 아니라는 말에 모두들 입을 다물었다.

1군사령관을 비롯해 처장들이 배석한 자리에서 틀니 이야기가 나올까 후끈 달아올라 조마조마했었다. 다행스럽게도 자문위원들은 그 일을 화제에 올리지 않았다. 만약 틀니 이야기가 화제에 올랐다면 회의실 풍경은 어떠했을까, 얼굴이 화끈 달아올랐다.

전방부대 병영체험 때 틀니를 관물함에 그냥 두고 온 사건에 대해서는 집사람과 나, 모두 함구하는 편이었다. 까발려 봤자 누워서 침 뱉는 모양새이니까 입을 다물고 있다가 전방 체험한 지 서너 달 지났을 때였다. 아내의 친구가 노인네들을 모시고 해외여행 다녀 온 경험담을 늘어놓다가 틀니 이야기를 꺼냈다.

"호텔에서 하루 묵은 다음날 아침 다른 행선지로 출발하기 직전에 가이드가 꼭 물어보는 말이 아침 식사 잘 했느냐 하고, 그 다음에 물어보는 말이 뭔지 아니? 글쎄 할아버지, 할머니 틀니 챙기셨어요?"

말을 마치기 전에 아내가 내 얼굴을 쳐다보다가 입에 물었던 음식을 황급히 막았다. 웃음이 폭발했다.

"이 사람이 그랬어. 전방부대에 갔다가 틀니를."

고등어

김밥 세 줄, 물 한 통 배낭에 넣고 이른 아침 올레길을 나서는 발걸음은 가볍다.

바다는 늘 우리 내외에게 스무 살 나이로 다가와 출렁대고. 어제처럼 오늘도 목적지에 아내를 내려놓고 나는 중간쯤에 차를 세워둔 다음 아내와 만나는 지점까지 무작정 걷는다.

탁 트인 해변도로를 걷다가 약간 경사진 언덕을 오르다가 등줄기에 땀이 흥건히 고일 무렵 만나 소나무 그늘 밑에 점심상을 펼쳐놓는다.

점심상이라야 아침에 달랑 싸가지고 온 김밥 세 줄과 물 한 통이 전부. 한줄 반 점심 김밥 꾸역꾸역 먹다 목이 메이면 물 한 모금씩 마시며 끝없이 푸르게 하늘과 맞닿은 제주 앞바다를 바라보는 이 즐거움을 누가 알랴?

이렇게 우리 제주 올레길 여행은 시작되었다.

지난 봄 지인의 권유로 한경면 고산리 농가에 열흘간 방을 얻어 수월봉, 차귀도, 자구내포구, 저지오름, 선인장자생지, 월령포구, 저지곶자왈 등 올레길 13, 14 코스를 다녀왔다.

제주공항에서 한경면까지 오가며 바라보던 섬, 태고적 신비를 고스란히 간직하고 떠 있는 섬, 해너미 풍경이 우리나라에서 가장 아름다운 곳, 가장 나이 어린 물오름화산이라고 꼬드겼다. 배멀미 때문에 아내는 비양도로 건너가는 것을 쉽게 응락하지 않았다.

제주를 떠나기 이틀 전에야 비양도 일정을 잡았다.

한림항에서 배 타고 비양도에 도착하자마자 수목과 늪이 원시적 생태계를 그대로 간직하고 있다는 비양오름으로 올랐다. 비양도가 널리 알려진 것은 고현정 조인성이 출연하는 영화 '봄날' 촬영을 하면서였다고 했다. 그 전까지는 섬을 다녀가는 인적이 드물어 자연생태가 제 모습 그대로 간직하고 있었으리란 추측이 가능해진다. 고려시대에 바다를 뚫고 화산이 폭발했다고 한다. 섬의 나이가 고작 1천년이라 생각하니 화산분출로 생긴 섬 가운데 가장 젊은 화산섬이 아닐까 생각했다.

섬 둘레를 한 바퀴 돌고 부둣가 외딴집에서 낯선 이름을 가진 보말죽 한사발로 점심을 맛있게 먹었다. 돌아오는 길에 아내는 연실 히야! 감탄사로 말했다.

가장 순수하고 비밀스런 숲길로 도보여행을 유혹하는 올레길과 스무 살적 젊은 몸짓으로 물결치는 제주 바다의 설레임을 며칠간의 제주 여행으로 어찌 만족하리.

아내는 가을을 약속했다. 제주 바다와 올레에 푹 빠진 것이다.

성산 일출을 보고 돌아오는 길에 성산항 어판장을 들렸다.

밤새 칠흑의 바다를 헤쳐 성산항으로 입항하며 온몸에 햇살을 두른 어선들이 가쁜 숨을 내쉬며 번쩍이고 있다. 갓 잡아온 생선들이 아침 햇살에 부딪쳐 부서지는 파도처럼 금빛으로 번쩍인다. 손가락으로 꾹 누르면 금세 지느러미를 치며 뛰어오를 것 같다.

어판장은 생기가 돌아 여기저기서 아우성이다.

어느 생선장수 대야에 떨이로 나온 녀석들을 기웃거리다가 몇 마리 남지 않은 고등어와 옥돔을 헐값에 비닐봉투에 넣었다. 경매에서 낙찰된, 그러나까 상품가치가 떨어지는 놈들이라고 했다.

녀석들을 들고 앞장서 어판장을 나서는데 아내는 아직 생선장수와 무어라 주고받으며 신바람이 났다. 이제 보니 아침바다는 아내의 가슴에서 출렁이고 있었다.

가을 한 달 월세 얻어 제주 가을 여행을 즐기고 있는 한동리로 돌아오는 길에 아내는 해변가 세화장터에서 차를 멈추게 했다. 마침 장이 선 날이었다. 세화장에서 들고 나온 것은 그 흔한 제주감귤도 채소도 열대 과일도 아닌 쇠붙이였다. 아내는 대장간을 나서는 촌부처럼 손에 들고 나온 회칼모양으로 생긴 작은 칼과 쇠갈쿠리를 요리조리 살폈다.

“생선 손질할 때 좀 편리하게 사용하려고,”

아내는 회심의 미소를 지었다. 부족한 여행 경비 보태려고 본격적으로 성산항 어판장 입구 생선장수로 나서려는 건 아니겠지? 궁금증이 풀리지 않은 채 아침 밥상에 오른 고등어구이로 포식을 했다.

우리는 또 배낭을 짊어지고 올레길로 나섰다.

지난 봄에는 제주 서쪽이었다면 이번 가을 제주여행은 동쪽 바닷가를 끼고 걷는 올레길이었다.

김녕에서 월정해변, 해녀박물관 옆을 끼고 내려가다 철새도해지로 알려진 하도리 종달바당에서 기념 도장 찍고, 성산 일출봉에서 배타고 우도 다녀와 광치기해변과 섭지코지까지 20, 21, 2번 코스를 섭렵했다. 미리 말해두지만 표선, 남원 지나 저 아래 쇠소깍, 외돌개, 용머리해변 휘돌아 송악까지 올레길 6, 8, 10 코스는 이틀에 한번 꼴로 나서야 했다. 눈 뜨자마자 성산항 어판장을 다녀오느라 그날만은 오후에 비자나무숲이나 사려니숲, 어리목 지나 서귀포로 내려가는 1139번 도로에 장관을 이루고 있는 단풍터널 등 중산간지방을 다녀왔다.

잠깐 휴가를 내어 재주로 건너온 막내 처제 내외와 합류해서 성판악으로 올라갔다가 관음사로 하산하는 한라산 등반도 했다. 나는 호흡곤란으로 성판악에서 4.1키로 지점에 있는 속밭대피소까지 올라갔다 내려왔지만 꾸준히 걷기운동을 하게 되면 나름대로 심폐기능이 원활해지리라는 자신감을 찾은 계기가 되기도 했다.

아무튼 한 달여 가을 제주에 머물며 명소란 명소는 거의 찾아다닌 것 같다. 제주도를 방문한 친지가 자연사박물관 좀 데려다 달라고 주문한다면 차량에 네비게이션을 장착하지 않아어도 불편함 없이 모셔다 드릴 정도로 제주길이 익숙해졌으니까.

다음날 새벽 아내는 성산항 어판장으로 빨리 가자고 재촉했다.

떨이로 나온 고등어 열 마리에 만오천 원. 아내는 스무 마리를 비닐봉투에 담았다. 한동리로 돌아와 헐값에 사온 녀석들을 대야에 쏟았다. 수돗가에 앉아 고등어를 한 마리씩 손질하기 시작했다. 쇠갈쿠리로 비늘을 털고 회칼로 내장을 훑어내고….

손질을 끝낸 것들은 차곡차곡 재어 냉장고에 넣었다가 해 떨어진 다음에 빨랫줄에 널었다. 밤에 널어야 파리떼가 덤벼들지 않는다고 했다. 귀동냥으로 들은 모양이었다.

밤에 내걸고 아침에 거둬들이는 일은 내 몫이었다.

이틀 정도 꾸덕꾸덕하게 마른 고등어를 한 마리씩 비닐로 감싸 냉동고에 넣어 보관했다가 택배로 딸네 집에 보낼 심산이었다.

막내 처제 내외에 이어 이번에는 큰딸이 애들을 데리고 제주도로 건너왔다. 떠날 때는 손질해두었던 고등어 상자를 따로 챙겨 보냈다. 손질해 둔 것이 떨어지면 아내는 또 성산항으로 나갔다. 이번에는 둘째네, 다음에는 셋째네, 그 다음은 춘천 집으로 돌아가서 재어놓고 먹을 양을 보충했고 그 다음 날은 처가에 줄 것도 손질하느라 분주했다.

아내의 몸에서는 끊임없이 출렁대는 파돗소리가 들렸다.

고등어는 아내의 바다였고 사랑이었다.

나의 문학은 아직도 미완성이다

나의 문학은 결핍에서부터 출발했습니다. 도시락 냄새 풍기는 점심시간을 피해 찾아간 3층 도서관, 그 싸늘한 냉기만 남아 있는 하얀 벽을 바라보며 공복을 메우기 위해 나는 열심히 책을 찾아 읽었습니다.

하루라도 빨리 공복을 메우기 위해 나는 2년제 교육대학을 선택했습니다. 유명한 교수님의 강의를 들어도 나의 공백은 쉽게 메울 수가 없었습니다. 수없이 많은 방황과 갈등을 겪은 끝에 나는 선택했습니다. 허기진 공백을 메울 수 있는 길은 오로지 글을 쓰는 일이었습니다.

졸업을 하고, 군복무를 마치고 밥벌이를 위해 찾아간 신성한 학교에서도 나의 공백은 쉽게 메워지지 않았습니다. 신춘문예라는 어색한 관문을 통과했을 때 잠깐 포만감을 느꼈을 뿐, 나의 공백은 지속되었습니다. 그 공복감은 내 나이 쉰다섯을 지날 때까지도 계속되었습니다. 가까운 글벗들이 책을 묶어 내자

심한 좌절감에 빠졌습니다. 문예부 출신 글제자들까지 시집을 묶어내기에 이르자 나의 결핍증과 열등감은 극도에 달했습니다.

십여 년 째 고3 담임을 맡고, 거의 매일 밤 11시까지 학교에 남아 진학지도에 매달리다 보니 정신이 황폐화되어 가는 나를 발견하기에 이르렀습니다. 이대로 나를 내팽개쳤다가는 울울증 때문에 정신병원에 끌려갈 것만 같았습니다.

고심 끝에 용단을 내렸습니다. 정년까지는 칠 년은 더 학교라는 직장에 매달려 자식들 뒷바라지하고 집칸이라도 더 늘릴 수 있었는데 오로지 글만 쓰기 위해 과감히 퇴직을 감행했습니다.

2년마다 한 권씩 책을 냈습니다. 우선 산문집부터 출간했습니다. 남의 책 출판기념회 사회나 맡던 내가 이제는 저자가 되어 출판기념회도 열게 되었습니다. 그제서야 식구들이 나를 글 쓰는 사람으로 대우해 주는 듯했습니다.

내 책을 가지게 되면서 다소 공복감은 메워지기 시작했습니다. 그러나 소설을 묶지 못했다는 미진함 때문에 공복감은 그대로 남았습니다.

열등감과 극심한 공복감을 메우기 위해 소설집을 묶어내고 상을 받아도 역시 공복감은 완전히 해결될 수가 없었습니다. 작가와의 만남, 독자와 함께 하는 자리 등등으로 특강을 나가도 미진함은 계속 진행되었습니다.

오늘 이렇게 멋진 상을 받게 되었어도 미진함과 열등감은 치유될 전망이 보이지 않습니다. 지나친 욕심이 아닙니다. 그것은 내게 주어진 숙명인가 봅니다. 이제 그 지긋지긋한 소설쓰기는 끝내자, 라고 다부진 마음을 먹었었는데, 더 좋은 글을 쓰라고 상을 주며 등을 떠미니 공복감은 더해질 수밖에 없습니다.

나의 문학은 아직도 미완성인 채 오늘 여러분들의 축하 자리 앞에 섰습니다. 매우 부끄럽고 낯설기만 합니다. 상을 마련해 주신 관계자 여러분과, 수상을 결정해 주신 여러 심사위원님들, 제 작품을 직접 추천해 주신 춘천의 문학회운영위원께 감사의 말씀 올립니다. 그리고 춘천과 서울 등지에서 축하해주기 위해 자리 함께 해 주신 여러 글벗들에게도 고개 숙여 감사의 말씀 드립니다.

땡볕에 나갈 때마다 시원한 그늘을 만들어 준 아내와 식구들에게도 이 자리를 빌려 고맙다는 말, 사랑한다는 말 전합니다.

감사합니다.

제2부

사람을 만나다

손에 수저가 두어 개 꽂혀있는 소주병이 들려져 있었다. 그는 이내 무릎 사이에 수저가 꽂힌 소주병을 끼고 발을 구르며 한바탕 곱사춤을 추기 시작했다.

학춤을 추는 사람

공립학교를 전전하다가 춘천의 사립학교로 전입한 것은 75년도였다. 그해 강원일보 신춘문예 시상식장에서 이무상 시인을 대면하면서 자주 상면하는 기회가 생겼다. 성수학교와 관련이 깊고, 제일교회 집사로 활동하며 가끔 춘천 향교에 나와 정상적으로 상급학교에 진학하지 못한 가난한 후배들을 가르치는 청년 시인 이무상 정도로 인식하고 있었다.

그러므로 매우 신앙심이 깊고 봉사정신이 누구보다도 투철하고 아주 신념이 강한 시인으로 우리 또래 후배 문학도들은 알고 있었다. 이무상 시인의 첫 인상은 그랬다. 광대뼈 불거진 그분의 얼굴이 그 모든 것을 말해주고 있었다.

그 무렵 나는 「예맥문학」이라는 소설동인을 꾸려나가기 위해 평론가 김영기님과 지금은 고인이 된 최진택 작가, 고교 시절부터 글 선배인 노화남 작가 등과 자주 대폿집을 돌며 춘천의 여러 글벗들과 어울리는 기회가 많았다. 간혹 직장 동료들과도 대폿집을 순회하던 때도 있었다. 약사동 풍물시장 끝머리, 남부시장으로 이어지던 경춘가도 옆에 김광균의 와사등처럼 술집 간판이 깜박거리던 막걸리집 '연락선' 이었을 것이다.

술판이 어느 정도 익어갈 무렵이었다. 옆방 손님들이 술자리를 마치는가 싶더니만 방문이 스르르 열리며 광대뼈가 더 벌겋게 익은 이무상 시인이 합석을 요청해왔다. 손에 수저가 두어 개 꽂혀있는 소주병이 들려져 있었다. 그는 이내 무릎 사이에 수저가 꽂힌 소주병을 끼고 발을 구르며 한바탕 곱사춤을 추기 시작했다. 어라, 생소한 눈으로 이무상 시인을 바라보다가 술꾼들이 합세했다. 신명난 술판을 지켜보면서 나는 고개를 내저었다.

그런 이무상 시인의 모습을 받아들이기에 나는 너무 충격적이었다. 신앙심이 깊을 것이고 누구보다도 생활신조가 뚜렷할 것이란 예감이 와르르 무너져 내렸다. 그 1, 2년 사이에 그분이 이렇게 달라질 수가 있을까? 궁금증과 함께 실망감이 나를 괴롭혔다. 입적불음의 군자인 줄로만 알았는데, 무슨 연유로 제일교회 집사 자리를 집어던지고 뛰쳐나와 폭음을 하는 것일까? 아니면 더욱 자유로운 시작활동을 위해 신앙이란 겉옷을 훌훌 벗어버린 것은 아닐까? 그러면서 나는 한편 그분의 변신을 은근히 기다려왔던 것처럼 반기고 있는 나 자신을 발견하고 또 놀랐다. 들려오는 소식에다 내 상상력을 보태면 이무상 시인은 변신의 선두주자였다.

이무상 시인이 현대문학에 추천을 받고 첫시집 '사초하던 날' 을 펴냈던 80년대 초쯤으로 기억된다. 한복을 차려입은 작부가 서넛 대기하고 있던 '양촌집' 에는 최돈선 시인도 합석했던 것으로 기억된다. 글잔치를 파하고 뒤풀이 좌석이었을 터였다. 술판이 한창 무르익어갈 무렵이면 나타나서 낯설고 친숙하고를 가를 것 없이 여류들에게 "이놈아, 뽀뽀 좀 해보자" 라거나 "우리 한번 멋지게 살자" 는 등의 친화력을 발휘하는 새로운 변신을 거듭해 우리들의 기대감을 충족시켜주던 이무상 시인이 이번에는 다리 한쪽을 무용수처럼 천천히 들어올렸다. 손에는 소주병 대신 손수건을 흔들며 춤동작을 시작했다. 무슨 춤사위인가 생각할 무렵이었다. 옆에 앉은 노 선배가 이미 몇 번 보아 알고 있다는 듯 내게 말했다.

"학춤이라나 봐."

이무상 시인의 학춤을 바라보면서 나는 웃지 않았다. 다리 한쪽을 살며시 들어 올려 비상을 시도하는 세련된 학춤이거나, 발 하나 억지로 버티고 두 팔을 벌린 우스꽝스런 모습이거나 내게는 상관없었다. 나는 그분의 손동작과 발동작 하나하나에서 이무상 시인 나름의 신명을 읽었기 때문이었다. 나는 순간 눈시울을 붉혔다. 동시에 나는 손뼉 장단을 치며 장산곶 마루에 북소리 나더니 어쩌고 하며, 몽금포 타령을 중얼거렸다.

20년 세월이 훌쩍 지났다. 나중에 안 일이었지만 고교 선배라는 점과 모교의 학교 역사를 편찬할 때 문학 부분을 집필했다는 사실도 알았다.

최근에는 한잔 하면 붓을 든다. 이무상 특유의 초상화가 나온다. 그림이야 어찌됐든 마음을 그려 주는 것이라 여기고 고맙게 받는 후배들도 있다.

엊그제 정경숙 매듭연구소 현판식에 참가했다가 뒤풀이 마당에 모여 환담을 나눌 때였다. 어김없이 광대뼈가 붉게 익으면 나오는 버릇, 건너편 좌석에 앉은 김 아무개 생물 선생에게 그려주는 초상화를 건너다보며 나는 씁쓸하게 웃었다. 초상화 그려주기가 끝나면 다음 메뉴는 무엇이 나올까, 생각해 봤다.

소주병에 수저를 넣고 발을 구르며 신명나게 추던 곱사춤이라든지 아주 어색한 동작으로 아슬아슬하게 보여주던 학춤은 이제 좀처럼 볼 수 없지만 오지랖 넓게 후배 아끼고 나눠주던 마음씨는 세월이 가도 변함없이 그가 한때 즐기던 막걸리처럼 진하게 남아 있을 터였다.

지금이야 시인 수필가들이 세 집 건너 한 사람씩은 사는 문학도시가 되었지만 80년대에는 춘천의 시인 하면 이무상이었다. 시와 술과 그림을 즐기는 사람도 이무상이었고 향토사를 함께 연구하고 남달리 춘천을 자랑하고 사랑하던 사람 또한 이무상 시인이었다. 훗날 그가 춘천의 지명 기행집 '우리의 소슬뫼를 찾아서' 출간은 그것을 입증한다. 고슴도치섬의 예부룩에서

출판기념회가 열리던 날 나는 '우리의 소슬뫼를 찾아서'를 받아들고 야구로 치자면 이무상 시인이 집필한 지명기행은 투런 홈런 정도는 될 것이라고 축하했었다.

시, 화에 풍류까지 겸비한 멋쟁이. 어려운 시대를 살면서도 멋을 알고 넉넉한 인심을 주고받던 조선의 예인 한 사람, 이무상 시인은 오늘도 춘천의 설화를 쓰고 있다.

화폭에 넘치는 생명력

우안牛眼과 마주 앉아 10분만 대화를 나누어 보면 그가 얼마나 촌놈인가를 쉽게 알게 된다. 우선 생김새부터가 그렇다. 6척 거구에다가 부리부리하게 박힌 눈, 부스스한 머리칼, 투박한 손, 입고 있는 옷마저 계절을 모른다. 화실에서 나와 가까운 찻집으로 두벅두벅 발걸음을 옮겨 놓는 그의 모습은 영락없이 한 마리 황소를 연상케 한다. 하나도 바쁠 것 없이 두리번대며 느릿느릿 걸어가는 그를 가리켜 지난 날 춘천교대 박동련 교수께서 붙여준 별호가 소눈牛眼이다.

게다가 그는 돈을 셀 줄 모른다. 빳빳이 세워진 지폐를 세는 모습을 본 기억이 없다. 대부분 주머니 속에서 구겨진 잔돈푼을 꺼내 침을 발라 손가락으로 한 장 한 장 센다. 답답하다 못해 안타깝다. 그가 4층 짜리 건물을 올리고 멋지게 화실을 꾸몄다가 3년도 버티지 못한 채 물러앉은 이유를 알 만하다.

그의 마음은 한없이 넓고 훈훈하다. 집이 넘어가도 두 눈만

꿈벅일 뿐 이웃들에게 속타는 심정을 드러내지 않는다. 자신의 자질구레한 일상사를 남들에게 보이길 꺼린다. 함께 하룻밤을 지내본 사람은 알겠지만 방바닥에 기어가는 개미 한 마리 그 투박한 손으로 꾹 눌러 없애지를 못한다.

"저 놈도 살자고 기어나왔는데, 허허."

그는 어눌하게 내뱉으며 개미를 집어다 문밖으로 밀어낸다.

도대체 가식이라고는 찾을 수가 없다. 놓여진 그 자리, 있는 그대로가 그의 작업실이며, 그의 삶이며, 그의 우주이다. 꾸미거나 보태는 것을 그는 몹시 싫어한다. 그가 화를 내거나 흥분하는 일은 남들이 요란하게 치장하거나 부풀려서 떠벌일 때뿐이다. 자연 그대로의 모습을 음미하고 재현하는 일이 바로 그가 그려내고 추구하는 세계다.

그가 어려서부터 터득해 온 길이 곧 무위자연無爲自然의 철학이 아니던가. 사는 방법도, 그가 만든 그림도 모두 자연과 인생이 하나로 조화된 순수의 세계이다. 때문에 그의 그림은 첨삭이 나타나지 않는다. 한번 붓끝이 닿으면 그뿐, 아쉬움이 남는 그대로 그의 작품이 된다.

그러므로 일단 붓을 잡으면 요지부동이다. 그의 눈은 화선지를 꿰뚫고 마침내 화도삼미畵道三昧에 빠진다. 그래서 그의 작업은 가히 종교적이다, 라고 말하고 싶다. 그렇다고 하여 그가 관습의 매너리즘에 빠져 있다는 말이 아니다. 바위처럼 턱 버티고 앉아 있으면서도 나름대로 자기 변신을 위해 끊임없이 탐

구한다. 음악에 심취하기도 하고 독서에 열중하기도 한다. 수필도 써서 남긴다. 시 낭송회 모임에 그가 빠짐없이 나타나 마음을 여는 것도 모두 자기 변신을 위한 치열한 도전이다.

우안과 함께 떠나는 길은 수학여행이다. 연전에 두어 차례에 걸쳐 지우知友들과 먼 길을 다녀왔다. 처음 목적지가 목포, 완도를 거쳐 孤山 윤선도의 세연정洗然亭이 있는 보길도 부용동이었고, 그 다음이 칠불암七佛庵이 있는 경주 남산이었다. 그는 잠시도 한눈을 팔지 않는다. 펼쳐지는 산과 들, 바다와 섬을 놓치지 않고 눈에 담았다가 밤이 이슥해져서 일행들이 술에 곯아떨어진 시간에 그는 짐승처럼 일어나 앉아 스케치북을 꺼낸다.

그런 우안을 우리들은 얼마나 부러운 마음으로 바라보았던가. 그가 부지런한 화가라는 점을 그때 발견했다. 그의 그림은 손으로 그리는 것이 아니라 발로 그린다고 아예 단정해 버릴 정도였다.

그 뒤 필자와 함께 일주일간 강릉에 머물면서 눈덮힌 대관령을 오르내리기도 하고 초당이며 선교장, 학산, 어흘리 산간마을, 즈므마을…, 쓸 만한 소나무가 있다는 곳이라면 발목을 넘는 눈길도 마다 않고 솔밭 순례에 열을 올렸었다. 우안에게 있어 '소나무 찾기' 는 그때가 절정이 아니었나 싶다.

우안의 소나무 그림을 대할 때마다 필자는 수필가 이양하 선생이 그의 수필 '윤회설이 참말이라면 나는 죽어서 나무가 되고 싶다' 라고 쓴 구절을 떠올리게 된다. 우안의 소나무도 예외가 아니다. 함박눈 펄펄 내리는 겨울 저녁의 그리움이 있고, 안개 낀 가을 아침의 고독도 있다. 단애의 바위틈에 뿌리를 뻗고 아래를 굽어보는 견인주의자堅忍主義者의 절제도 갖추고 있다.

그렇다. 소나무는 우안 자신의 분신이다. 소나무를 찾아 수없이 헤매고 스케치해 온 것을 화폭에 담으면서 그는 자신을 찾으려는 노력을 끊임없이 해왔다. 그는 우뚝 선 한 그루 소나무였다.

그의 소나무는 힘차고 고집이 있다. 심산궁곡을 저만치 두고 거만하게 가지를 칠 때도 있고, 천애의 절벽에 겨우 뿌리를 박고 어떤 비바람에도 끄떡없이 버티고 선 소나무를 마주할 때도 있다. 혹은 역사처럼 도도히 흐르는 강줄기를 내려다보며 묵묵히 서 있는 노송老松, 하늘을 찌를 듯이 낙락장송 우거진 해송을 화폭 가득 담을 때도 있다. 치솟아오르다 슬쩍 옆으로 몸을 뒤튼 파격은 예사롭지 않다.

어디 그뿐이랴. 정자 옆에 귀공자처럼 다소곳이 서서 바위와 관목, 새들을 불러 모으기도 한다. 그가 만나고 애정을 쏟은 소나무는 평범하지 않은 삶을 억척같이 헤쳐 온 그의 의지이며 그가 앞으로 살아가야 할 지표이다. 그의 소나무는 그가 지금까지 찾아 헤맨 심우도尋牛道요 신앙이다.

그의 작품세계는 단순하면서도 힘차고 투박하면서도 생명력이 넘친다. 그런 그의 '소나무 그리기'에 분명 변화가 오고 있다. 먼발치에서 바라보던 태백준령이며 심산유곡이 점점 가까이 다가와 대담하게 화폭에 담긴 것이 소나무였다. 그러던 그가 새로운 눈뜸에 신명을 올리면서 소나무 주변에 바위와 철쭉, 풀꽃과 새들을 불러들인다. 목련과 동백이 다정하게 소나무에 다가서고 벌레와 나비가 찾아와 속삭이는 모습이 어쩐지 우안답지 않아 필자는 몇 번이고 눈을 비볐다. 새로운 '눈뜸'과 '낯설음' 사이에 묘한 충동이 자리를 틀기 시작한 것이다.

그는 이제 오랜 동안의 변신의 침묵을 깨고 또 다른 변신을 향해 한걸음 다가서고 있음이 분명하다. 낮은 소리로 다감하게 시를 읊고 있다. 화폭 가득 애정어린 눈길로 미물들과 대화를 나누며 생명을 불어넣고 있음이 분명하다.

한동안 우안이 그린 산수화는 우리 강원도 일대의 자연을 찾아다니며 그린 사실화였다. 사실주의 화풍에 산수도를 고집하다가 과감하게 변신을 시도한 것이 '소나무 그리기'였고 큰 소나무 옆에다 고전시가古典詩歌는 물론 요즘 시인들이 쓴 시나 현대작가들의 산문구절까지 대담하게 화제畵題로 삼기를 주저하지 않았다. 그러던 우안이 좀더 가까이 화면에 다가 앉았다.

그 동안 그가 '심우도'의 정체를 찾아 헤매느라 얼마나 고독했던가. 우안은 드디어 고독의 정체를 찾은 것이리라. 고독은 우안의 가슴앓이요 변신의 전주곡이다. 그리하여 고독의 끝은 넘치는 애정으로 다가왔다. 그의 뜨겁게 달아오른 열정은 소나무를 중심으로 온갖 물상들과 다감하게 대화를 나누면서 생명력으로 넘친다. 그의 그림이 그렇게 변해 있다. 강자와 약자, 있는 자와 없는 자가 공존하는 조화로운 세계, 그의 그림은 갈등과 대립이 사라진 평화의 세계요 넘치는 불심佛心의 세계이다. 그는 고독과 치열한 대결에서 마침내 애정 넘치는 생명의식으로 예술혼을 승화시킨 것이다.

요즘 들어 그는 남 몰래 서방질하듯 서간지에다 시화詩畵도 그린다. 소품에 담긴 그의 외도는 재미있기도 하거니와 그가 밤새워 나누는 대화가 엿듣고 싶어 호기심으로 바라본다. 牛眼도 이제 쉰을 바라보는 문턱에 접어들고 있다. 나이 든 만큼 그가 천착하는 자연과 예술, 세상 바라보기가 더욱 세련되고 성숙되기를 기대한다.

그의 지칠 줄 모르는 시심은 어디서 오는가

그가 갑자기 우리 곁을 떠난 이유를 『표현』 초기 동인들은 알고 있다. 그가 문득 시작활동을 접고 춘천의 지인들과 소식을 끊은 채 이십여 년 가까운 세월, 『표현』 5집에 병영일기, 겨울. 중동부전선 두 편을 발표하고 나서 75년 이후 그는 우리 곁을 떠나게 된다.

춘천교대 재학시절인 1968년도였다. 강원일보 신춘문예에 그의 시가 당선되자 교대 캠퍼스에는 새로운 시의 전성시대를 예고하게 된다. 『표현』 16집에 드러난 표현 시동인 연혁을 그대로 빌어 표현하자면 박민수, 윤용선, 임동윤, 최돈선이 의기투합하여 도내 최초로 동인을 결성하게 되는데 『표현』 동인지 출간의 견인차 역할을 임동윤 그가 맡았던 것으로 추측된다.

어느 날 갑자기 홍천 모곡의 내가 근무하던 초등학교 교무실로 배달된 그의 편지에는 장황할 정도로 길게 순수 시 전문 동인지를 발간하게 된 역사적 의의를 달고 말미에 형이 직장을 잡고 있기 때문에 인쇄비에 보탤 돈을 얼마간 보내 줄 것으로 믿는다는 사연을 보낼 정도로 『표현』 시동인 결성에 그는 매우 열성적이었다.

그러던 그가, 벽지를 전전하다가 오랜만에 춘천으로 귀환하는 나를 맞이해야 할 그가 춘천에 없었던 것이다. 그는 스스로 거듭나기를 위해 좌절과 방황의 긴 시간을 선택했던 것이다. 나는 그가 영원히 우리 곁을 떠났다는 판단을 보류한 채 그의 '얼굴보기' 를 기다리기 시작했다.

영등포시장에서 그가 장사를 한다는 소식도 들려오고, 설상가상 동가식서가숙한다는 뜬소문도 떠돌았다. 그야말로 자신이 쓴 시에서던가. '오지랖 파고드는 칼바람에··· 가난에 눌려 납작해진 코' 를 연상하게 만드는 아주 불길한 소식들이 찾아들기도 했다. 어쨌든 나는 그가 맑고 힘찬 모습으로 우리 곁으로 돌아올 때를 기다리며 침묵했다.

그 무렵 『표현』 시동인은 박민수, 윤용선, 최돈선 3인집을 꾸민 10집(82년 5월)을 끝으로 동인지 발간을 중단하기로 결정하게 된다.

그가 1996년 한국일보 신춘문예에 시가 당선되기 전까지 그는 도깨비 같은 존재였다. 느닷없이 춘천에 나타나 문학이 아닌 일로 배회하다가 2, 3년 종적을 감추기 일쑤였다. 그러기를 반복하다가 '안개의 도시' 에 살고 있는 우리들에게 그가 본격적으로 다가오게 되는 과정은 시작활동과 직결된다. 개인적으로는 누구보다도 임동윤 시인과 가까운 사이였는데 한번은 서울 어디선가 그를 잠깐 만난 적이 있었다. 그때 나는 그에게서 춘천으로, 우리의 곁으로 돌아올 것이란 확신을 갖게 된다.

생존경쟁에서 살아남기 위해 온갖 고초를 겪어야 했던 사연을 들은 것도 그때였다. 춘천으로 돌아오는 열차 안에서 나는 그가 곧 우리의 곁으로 돌아올 것이란 기대를 포기하지 않았던 나의 침묵을 은근히 즐겼다.

오랜 동안의 절망과 거듭나기를 위한 처절한 몸부림에서 벗어났다는 증거는 1992년 한해에 두 개 신문사의 신춘문예에 겹치기 당선되는 열정을 보여주면서 그의 지칠 줄 모르는 시심은 폭발한다. 그는 그간의 빚 갚음이라도 하듯 성난 기관차처럼 시작활동을 펼치기 시작했다.

92년 한 해에 세 군데 등용문을 그야말로 한꺼번에 박차고 나오는 힘은 어디서 분출되는 것일까? 잠깐 그의 시작 편력을 알아보기 위해 92년 한 해 동안 그의 수상경력을 살펴보자면 경인일보 신춘문예+문화일보 춘계문예+청구문화제 시 대상을 수상의 성과로 안게 된다. 이어서 이듬해인 93년도에는 「겨울 판화집」 연작시로 계간 《시와시학》 신인상을 받음으로써 그의 시적 역량은 확고해진다.

그 무렵에 임동윤 시인에게는 또 다른 변화가 한꺼번에 찾아오게 되는데 부친의 타계 소식이었다. 나는 그때 부고를 받고 표현 동인들과 함께 수원의 빈소에 찾아가게 되었다. 그 자리에서 표현 동인들은 『표현』의 부활을 논의한 모양이었다. 빈소에서 거듭나기를 계획하는 일은 살아남은 자의 몫이라고 누가 말했던가. 그렇게 해서 96년 한국일보 신춘문예에 당선된 시 「안개의 도시」를 표제로 『표현』 11집은 폐업한 지 16년 만에 박민수, 윤용선, 임동윤, 최돈선, 4인 이름으로 임동윤의 부활을 축하하면서 복간되는 성과를 거둔다.

그의 넘치는 시심, 지칠 줄 모르는 시에 대한 열정은 어디서 오는가, 를 이쯤에서 다시 한번 화두로 삼아야 할 필요를 느낀다. 그의 부활은 분명 그의 식지 않은 시적 열망에 있었다.

교육대학을 중퇴한 그가 살아남기 위해 선택한 도시는 서울이었다. 서울이란 거대 도시는 자신을 감추기 위한 익명의 은신처이기도 했다. 그렇게 자신을 던진 그였지만 한시라도 그는 시에 대한 아쉬움과 분노를 잊을 수가 없었을 터였다. 자신을 저버리지 않고 있을 안개도시 춘천의 문학 지기들이 끊임없이 머리를 어지럽혔을 것이고, 그를 아끼는 지인들의 소망과 기대를 쉽게 잊을 수가 없었을 터였다.

살아남기 위해 그가 선택한 도시, 서울에서 그는 악착같이 생활전선에 뛰어들어야 했지만 그는 늘 굶주린 짐승처럼 허기진 모습으로 시에 대한 미련을 떨칠 수가 없었다. 그는 그렇게 나이가 들고 있었다. 그렇게 70년 후반과 80년대를 소비했다.

좌절과 방황이 끝날 무렵 그에게 찾아온 것은 겨울을 체험한 뒤의 따뜻하게 다가오는 봄에 대한 예감이었다. 그는 비로소 안정감을 찾고 서서히 시심에 불을 지를 수가 있었다.

그가 거듭나기를 통해 완숙된 경지를 보이면서 출간한 첫 시집을 받아들었을 때의 감동을 잊을 수 없다. 그는 가끔 문학촌으로 나를 찾아올 때마다 선물을 갖다 주듯 시집들을 날랐다. 두 번째 시집 『연어의 말』, 제3시집 『나무 아래서』, 제4시집 『함박나무 가지에 걸린 봄날』 라든지 제5시집 『아가리』 가 그것들이다. 그가 건네는 시집들을 받아들 때마다 나는 진한 우정과 함께 그간 진 빚을 갚듯 토해내는 시의 열정에 감사한다.

그가 요즘 살고 있는 평내동 아파트를 방문해 본 사람이라면 그가 얼마나 치열하게 시에 매달리고 있는가를 알게 된다. 자식들을 훌훌 떠나보내고 단 둘이 사는 아파트는 호젓해야 마땅한데 거실에 들어서면 무슨 잡지사 편집실을 방불케 한다.

아내인 박해림 시인과 함께 '시 작업' 을 본업으로 하다 보니 김치 냄새 된장 냄새 생선 조리던 냄새 같은 살림살이 냄새가 묻어나야 하는데 책 냄새 종이 냄새로 꽉 찬 거실을 바라보며 참 부럽기도 하고 부끄럽기도 해서 한동안 그의 얼굴과 거실을 둘러보게 된다. 물론 그들은 생활비를 조달하기 위해 직업도 가지고 있다.

이순을 넘긴 나이에도 불구하고 둘이서 함께 시 쓰는 일에 정진하고 있는 모습에서 나는 늘그막에 그의 시심은 어디서 줄기차게 넘치는가를 의심하게 되는 것이다.

그는 '牛耳詩낭송회' 에 오랫동안 참여했다가 요즘은 우이시낭송회가 모체가 된 사단법인 '우리시진흥회' 의 사무총장과 월간 《우리詩》 의 편집주간을 맡고 있다. 월간 《우리詩》를 꾸려나가는 그의 역량만 봐도 그가 얼마만큼 치열하게 그리고 야심 차게 시적 열정을 가지고 있는가를 짐작하게 한다.

그의 끊임없는 시적 열정은 겨울에서 봄으로 자신의 계절이 바뀐 기회를 최대 이용하는 슬기로움이 뒷받침되고, 하나하나 묶여지는 시적 성취감에서 비롯되는 것은 아닐까.

임동윤 시인은 나와 고교 1년 선후배 사이이다. 효자동 토담집 골방에서 그에게 처음 막걸리를 마시게 한 장본인은 바로 나. 1년 후배인 그가 어느 날 갑자기 춘천에 나타나 "혀엉, 빨리 면도하고 나와 봐!" 로 불러내 선을 보게 한 것도 임동윤이다. 인연이 닿아서 그랬던지 그가 중매한 일이 성사되어 아내와 해로하게 된 일도 그와의 끈질긴 만남 때문이다.

연초에 나는 그와 새해 인사를 나누며 우리 사이의 오랜 우정이 아주 오랫동안 지속되기를 소망했다. 이 나이에 이제 새로 사람을 만나 우정을 맺기란 지난하므로 그랬을 터였다. 더불어 나는 『표현』 식구들과도 우정이 오래 지속되기를 소망한다.

한 땀 한 땀 시간의 매듭으로 엮은 결실

두 아들의 엄마 노릇에다 거의 매일 밤늦게 일과가 끝나는 인문계 고등학교 교사로 재직하는 남편의 내조 역할도 바쁠 판이었다. 짬짬이 전승 매듭공예를 한다는 그녀의 집에 초대되어 작업과정을 목도했을 때서야 정경숙 여사가 해 온 작업이 취미 삼아 하는 여기가 아니라 구도자의 수도생활에 비견할 만하다는 생각을 했다.

그녀의 집은 그대로 작품을 만들고 보관하고 준비하는 공간이었다. 거실에는 명주실을 감고 끈목을 짜는 틀을 중심으로 여러 섬유 재료와 타래실들이 널려 있었고, 작품을 만들 때 사용하는 도구들로 여지가 없었다. 작품에 집중하다보면 식구들 끼니도 제대로 챙겨주지 못한다고 했다.

그녀는 그 동안 한 땀 한 땀 손 맵시 야무지게 만든 작품들을 꺼내놓기 시작했다. 노리개 삼작, 봉술, 향낭, 안경집 등등, 마무리된 작업의 종류에 따라 다종다양의 작품들을 펼쳐보였다.

수없이 많은 낮과 밤을 가느다란 실로 한 땀 한 땀 깁는 사이 어느새 눈은 돋보기를 써야 했고 손마디마다 관절이 생겨 통증을 참아야 했다고 한다.

삶의 전부이다시피 매달린 매듭 만들기의 작업량이나 그간 쏟아온 정성을 계산한다면 그야말로 대하소설 두서너 권에 해당하는 분량이 될 것이란 판단을 해보았다. 매듭은 그녀의 삶이었고 자기구현의 목표였다.

수많은 시간 그녀는 고려조 혹은 조선조를 오르내리며 대갓집 규방 여인들과 끊임없이 대화를 나누었을 터였다.

비단실에 염색을 드리고, 끈목을 짜고 술을 비벼 매듭을 맺고, 완성된 매듭을 주머니에 장신구에 합죽선에 매달며 지루하고 힘들지만 끈질긴 생명력으로 이어온 옛 조상의 숨결을 이어받고 있다는 생각으로 가슴 한 구석에 뿌듯하게 고이는 자긍심이 엿보이는 듯했다.

그렇다. 정경숙 여사가 이뤄낸 작업은 고대와 현대를 이어주는 전승예술이며 편리함과 대량생산에 익숙해진 현대를 살아가는 우리들에게 옛 조상들이 일상생활에서조차도 멋과 아름다움을 지닌 삶을 살았다는 것을 알려주는 계기가 될 것이다. 화려하면서도 우아함을 잃지 않는 품격 높은 삶이 바로 우리 할머니들, 할아버지들이었음을 자각하는 전시공간이 바로 정경숙 여사가 마련한 매듭공예전이 될 터이다.

오랜 정진 끝에 마련한 첫 번째 개인전을 축하한다.

매듭공예가 정경숙 여사가 이뤄낸 전승 매듭기법의 공예가 이 고장의 후학들에게 귀감이 되어 더욱 좋은 작품들을 많이 생산해내는 훌륭한 전시회가 되길 길 바란다. 덧붙여 그녀의 작품에 어린 여유와 멋이 우리 일상생활에 더욱 윤택한 모습으로 일어나기를 기대한다.

큰 바위 얼굴

숙직을 마치고 교정을 나오면서 바라본 중학교 운동장은 시끌벅적했다. 일요일 아침이면 철새처럼 모이는 새마을 조기축구 회원들도 아니요 동네 청년들도 아니었다. 유심히 살펴보니 축구 주심을 보는 사람은 중학교 선생님이었다.

"담임 한번 자알 만났군. 운동을 좋아하니까 공부에 지쳐 늦잠이나마 실컷 자 둬야할 애들을 일요일 아침마다 끌어내어 못살게 구니 말야."

뭐 그런 정도로 생각하며 지나쳤다.

얼마 지난 뒤에 일요일 아침마다 모여 축구든 배구든 운동을 즐기며 모임을 갖는 동아리의 정체를 알아내곤 고개를 끄덕였다. 도덕과 윤리를 시험점수로 평가하는 이 땅의 교육풍토에 이런 모임이 있다는 것은 얼마나 다행스런 일인가. 그런 생각을 하며 이 모임을 주도하는 분이 곧 황영승 선배라는 사실도 알았다. 고등학교에 "사랑의 메아리" 가 있다면 중학교에는

"강우회" 가 있어 무미건조한 학교에 청량한 바람을 일게 만든다는 것과 함께 공교롭게도 두 모임을 이끄는 교사의 태생이 춘천이고 고려대학교를 같은 해에 졸업한 동기라는 사실도 새삼 알게 되었다.

황영승 선배는 우선 외모부터 타인을 끌어들이는 친화력을 지녔다. 동안의 얼굴, 귀공자다운 풍모에다 상대방의 기분을 다치지 않게 볼륨을 조절하며 차근차근 대화를 이끈다. 누구라도 황영승 선배를 만나게 되면 5분도 채 지나지 않아 마음을 열고 마침내 경계의 끈을 풀게 된다. 그만큼 상대방을 편하게 만드는 마력을 지녔다. 그러나 부드럽고 찬찬한 면모와는 달리 신념이 강하다. 어떤 때는 황씨라서 그런지 황소고집일 경우도 있다.

그것이 옳은 길이라면 꺾이지 않는다. 층층시하에 이것저것 살피고 눈치볼 일 많은 사립학교에서 자신의 의지를 굽히지 않는다는 일은 매우 용기 있는 처신이 필요할 터였다. 학교 이전 문제가 난항에 부딪치자 중학교를 폐교하겠다는 재단 측의 표명에 즉각 반대 의사를 밝히고 몇몇 선생님들과 함께 폐교 반대운동을 주도했던 일은 그를 신념의 사나이라로 다시 한 번 입증하게 만드는 계기기 되었다.

강원중학교를 졸업하고 나간 제자들이 얼마나 많은데 폐교 방침을 세우다니. 그는 말했다.

그 무렵에 나이 젊은 재단 이사장한테 미움도 많이 받았다는 이야기를 귀동냥해서 들은 적이 있다. 그래서 남들보다 교감, 교장도 늦게 되었을 것이라고 주위의 동료 교사들은 그렇게 기억한다. 하지만 재단 측에서는 선배님의 뚜렷한 교육철학과 강한 의지를 인정해주는 분도 계셨기에 허씨도 김씨도 이씨도 아닌 황씨가 늦게나마 교감에 이어 교장 자리에 올랐던 것은 아닐까.

한마디로 외유내강의 교육자, 강원의 페스탈로치다.

황 선배님이 교감으로 승진하며 고등학교로 자리를 옮겼다. 가끔 중·고교가 함께 하는 행사나 술자리에서 만나던 황 선배를 매일 대면하게 되면서 좀더 자상하게 그분의 인격됨을 피부로 느끼게 되었다. 소신은 있되 매우 융통성이 있는 친화력의 소유자를 대하면서 나도 어느덧 선배를 닮아가고 있다는 사실을 깨달았다. 그만큼 후배들은 황 선배에게 배울 점이 많았다.

입시교육의 병폐에서 어느 정도 벗어나는 방법 중에 하나가 독서라고 했다. 학창시절에는 누구나 한 사람씩 자기가 존경하는 "큰 바위 얼굴" 을 찾아 흠모하는 일이 곧 자기의 인격을 형성하는 길이라고 말했다. 큰 바위 얼굴을 찾는 일 중에 하나가 곧 독서요, 독서교육은 그래서 중요하고 필요하다며 필자에게 학교 전체를 대상으로 독서지도를 부탁했다. 나 역시 공감하고 있던 터라 즉시 학생들에게 독서노트를 준비하게 하고 필독도서를 선정하는 등 마이크를 잡고 방송으로 전체 학생들을 지도를 하느라 부산을 떨었던 때가 있었다.

물론 몇몇 사람의 동료교사로부터 은근히 못마땅한 시선을 받은 것도 인정한다. 나의 엄무가 부담이 되어 황 선배는 내가 맡고 있는 신문 만드는 일인가 교지 만드는 일을 젊은 후배교사에게 넘기라는 권유에 못 이겨 업무를 넘겼다. 즉각 후배교사로부터 공격이 들어왔다. 직원 회식이 끝나고 2차로 모인 자리에서였다. 자기 영역을 침범당한 승냥이처럼 후배교사는 이것저것 따지고 들었다.

나도 그때 그 자리에서 있었지만 싸움으로 크게 번질까봐 입을 닫고 지켜만 보았다. 후배로부터 부당하게 공격을 받자 몹시 불쾌해 하는 모습을 그때 딱 한번 보았을 뿐 학교를 그만두고 나올 때까지 그 어색한 모습은 두 번 다시 볼 수가 없었다. 그 후배교사도 아마 꽤 후회했을 것이다. 지금은 공립학교에서 착실하게 근무를 하고 있겠지만.

나와 황 선배를 비롯해서 몇몇 나이든 동료들끼리 여행계를 들어 울릉도와 동남아 여행을 한 번씩 다녀온 추억을 가지고 있다. IMF 외환위기가 한국을 강타했을 때였다. 교사 신분으로, 남들의 눈도 있고 해서 동남아 행선지를 2박3일의 울릉도 여행으로 바꾸었다. 울릉도 관광 2박을 마치고 돌아오려던 날 풍랑을 만나 8박9일만에 귀향했던 일은 오랜 악몽이자 추억으로 각인되어 있다. 그때도 부부동반이었고, IMF의 터널을 빠져나온 2년 뒤에 싱가포르, 태국을 다녀오는 동남아 여행 때도 부부동반이었다.

문제는 부부동반을 통해 드러나는 아내 모시기 역할이었다. 매일 포옹을 해주지 않아서 부부싸움을 대판 했다는 둥, 옆집 남편과 아내를 비교하다 삐쳐서 귀국하고도 한 달인가 얼마인가 휴전선을 그어놓고 지냈다는 둥, 해외 여행지에서 남들이 겪은 일화들을 떠올리며 바닷게와 새우를 안주로 품위 있게 만찬을 마치고 들어왔을 때였다.

"황 교감 선생님은 참 다정다감도 하셔. 얼마나 사모님이 좋으실까."

잘 들으라는 투로 아내가 말했다.

"으응, 원래 그런 분이셔."

그러나 나는 대수롭지 않게 아내의 말을 받았다.

신발도 챙겨주고, 옷이 구겨졌다고 걱정해 주시고…. 학교 선생님한테도 늘 저렇게 자상하게 대하시우? 아빠가 저렇게 다정하고 자상하니까 그집 애들도 밖에 나가 친구들한테 자상하고 믿음성 있게 굴겠지. 사모님은 참 복도 많다. 아내는 부럽다는 말투로 황 선배네 식구들을 치켜올리고 있었다. 가만 듣자하니 우리 집은 그게 아니라는 말로 들렸다. 은근히 울화가 치밀어 한 마디 던졌다.

"아직 늦지 않았어. 황 선배 같은 분을 어디 수소문해 만나가지고 여생을 깨가 쏟아지도록 행복하게 살아보라구."

아내의 눈이 솔방울만하게 떠졌다. 눈을 부라리든 말든 나는 등을 돌리고 누워 창 너머 파타야의 푸른 밤하늘을 바라보았다.

"그 사모님 조용조용하게 '꼬마 인형' 참 잘 부르시더라. 여자가 원 고분고분한 맛이 있어야지. 쯔쯔…."

말을 채 마치기도 전에 무엇에 떠다밀려 침대 아래로 나가떨어질 뻔했다. 아내가 벌떡 일어나 이쪽을 짜려보고 있었다. 아뿔싸, 장작불과 아내는 쑤석거리지 말라고 했는데. 이미 엎질러진 물이었다.

황 선배의 자상한 성격 때문에 해외여행 도중에 부부싸움은 벌어졌지만 필자는 많이 가진 것처럼 행복하다. 필자의 주위에는 소신있고 멋을 아는 훌륭한 선배들이 있어 늘 든든하니까. 그 중의 한 분이 황영승 선배님이시다.

「표현」은 시를 아는 사람들의 고향

시인 박기동은 가끔 술에 취하면 부러운 목소리로 춘천의 청년문학에 불을 지핀 것은 석사동 패거리들이라고 말한다. 나는 그의 주장에 전적으로 동의한다. 「오악장」과 「표현」이 출현했었고 「석우문학」의 세력들이 한때 젊은 시절을 보냈기 때문이다.

석사동 주변을 기웃거려본 문학도라면 「오악장五樂章」을 먼저 기억하리라. 「표현」 시동인이 등장하기 직전에 김성수 한수산 이영세와 김남오 노화남 박갑수가 "제8요일" 처럼 「오악장」을 내며 새로운 깃발을 든 것은 석사동 시대의 서막이었다. 그들은 수많은 습작비화를 남기며 석사동 시대를 화려하게 열었었다.

한수산이 동아일보 신춘문예에 소설 "4월의 끝" 으로 장르를 옮겨 당선되었기 때문에 「오악장」의 비중을 산문에 둔다면 「표현」의 등장은 시 전문 동인의 출발이 된다. 석사동 시대는 이 두 동인의 출발로 시작된다. 나중에 강원도 출신 작가들의 모임인 소설동인 「예맥문학」에 노화남 박갑수 김남오 최종남이 참가하게 된 것은 「오악장」의 연장선상에서 파악해 볼 수도 있다.

출발은 그렇게 깊은 의미를 가진다. 나는 두 동인의 중간 위치에서 비교적 객관적 시각으로 지켜볼 수 있는 기회를 가졌고 두 동인들의 인간적 관계맺기에 대해 누구보다도 친밀감을 가진다. 몇몇을 빼고는 내게 모두 선배요 피를 나눈 형제보다 더 가깝다고 느낄 때가 많다.

임동윤 시인이 보내온 사연은 사뭇 진지했다. 불모의 땅에 시밭을 일구어 새로운 세계를 열어가는데 동참했으면 좋겠으나 나와는 장르가 다르므로 동문의 한 사람으로 동인지 발간에 필요한 인쇄비 얼마를 보태라는 내용의 편지였는데 그것은 거의 일방적인 통고나 다름없었던 것으로 기억된다. 제대하자마자 벽지수당을 받는 홍천 모곡초등학교로 발령받고 들어온 지 몇 달 지나지 않은 70년 봄이었다.

봉급을 받은 즉시 얼마를 보냈는데 그 액수가 몇 천 원에 불과했을 것이었다. 그 해 여름방학이 끝나갈 무렵, 책이라고 여기기에는 매우 미흡한 동인지 「표현」을 받아들고 자축 겸 장터 술집에 혼자 앉아 동인지 「표현」을 뒤적이며 됫박술을 마셨던 것이 어제처럼 다가온다. 이제는 지우려도 지울 수 없는 운명처럼 맺어진 네 사람, 윤용선 박민수 임동윤 최돈선에다 내 이름 석자를 보탠다.

임동윤과의 편지질은 「표현」 1집을 받아든 뒤 이내 그쳤다. 군대에 끌려갔으므로 무소식이 희소식이었다가 그 해 겨울 임동윤의 외삼촌 집에서 휴가 나온 임동윤과 최돈선과의 극적인 만남이 이루어졌다. 크리스마스 때가 되면 당선 전보가 날아와야 되는데 훌쩍 건너뛴 연말을 맞아 의기소침한 판에 최돈선은 월간문학 신인상에 이어 동아일보사로부터 당선통지서를 받고 엉엉 울고 있었다. 최돈선은 김소국이란 필명으로 동시를 던졌던 것이다.

윤용선 박민수 두 분은 이미 내가 군복을 입고 대학 교정에서 대면했던 터이고 이미 훨씬 전부터 그 분들의 작품을 익혀왔기 때문에 전혀 생소한 얼굴이 아니었다. 두 분 중에 더 꼬장꼬한 사람을 고르라면 윤용선 선배가 되겠고 또 한없이 너그러운 사람을 선택하라 해도 역시 윤 선배일 터였다.

내가 윤 선배를 존경해 마지않는 바는 술자리에서 인내심을 발휘하는 그의 자세 때문일 것이다. 그것은 후배들을 위해서라면 못 마시는 술자리일망정 어김없이 동석해서 후배들이 혀가 꼬부라지고 드디어는 인사불성, 막가파가 돼도 끝까지 자리를 지키고 앉아 대화에 응하며 실수가 좀 지나쳐도 결코 웃음을 잃지 않는 바다 같은 너그러움과 옹기 화로 같은 포근함일 터이다. 지금도 그 자세, 그 학처럼 고고함은 우리들의 우상이 된다.

윤 선배가 일적불음이라면 박민수 선배는 지고는 못 가도 마시고는 가는 말술 때문에 윤 선배보다 만나는 시간이 잦았음은 물론이다. 박 선배가 교대 총장을 마치고 새로운 도전을 했을 때 미력하나마 참모의 자리에서 일을 보좌하며 지켜본 그분의 인간적인 면은 처내고 또 퍼내도 마르지 않는 샘처럼 넘치는 에너지와 탁월한 판단력일 터였다. 작달막한 체구에 넘치는 추진력은 참으로 몇 살 아래인 후배들이 본받고 터득해야할 점이다. 정리해 보면 두 분 모두 내게는 문학에 있어서나 인생에 있어서나 한 수 위인 형님들이었다.

임동윤의 술은 내가 가르쳤다면 과장될까. 지금도 좀 마시면 벌겋게 익는 얼굴인데 초창기에는 사과처럼 붉게 타올랐었다. 나는 그 모습이 재미있어서 토담집 웃방에서 막걸리를 마시며 긴 겨울밤을 함께 보낸 적도 있다. 임동윤의 그 번쩍이는 순발력과 상상력을 잊지 못한다. 그가 한때 시를 꺾었을 때도 나는 그에 대한 기대를 포기하지 않았음을 이 자리를 빌어 밝힌다. 그는 또 일어설 것이다. 일어서서 우리들을 다시 한번 깜짝 놀라게 하리라, 하고.

최돈선 시인의 인생은 불혹을 분기점으로 나뉜다. 40 전에는 늘 소극적인고 냉소적인 자세로 인간들과 사물들을 바라보았다. 그의 학교생활도 그런 선상에 있었기에 윗사람들이 그를 별로 달가워하지 않았다. 그러던 그가 장타령하듯 불혹을 그리워하던 나이를 넘기자 느닷없이 태도가 달라지게 되었다. 심상치 않았다. 그러던 그가 쉰을 넘긴 어느 날이던가, 사표를 내고 전업작가를 선언했을 때까지만 해고 나는 별로 놀라지 않았다. 그의 변신은 끊임없이 이어졌다. 나는 남대문 시장 좌판에 쪼그리고 앉은 그의 모습을 발견했을 때 말문을 열 수가 없었다. 울컥 치밀어 오르는 분노와 좌절. 이 자식아, 이게 네 인생이더냐, 나는 수없이 외쳤다. 최돈선이가 볼때기에 살이 붙고 흰머리 고상한 초로의 신사로 변신했어도 나는 아니다, 라고 말한다. 점퍼 차림에 등 굽은 자세로 두리번대는 최돈선이야말로 진짜 최돈선이다. 나는 그 자리에서 그렇게 외쳤다.

그의 변신은 아직 끝나지 않고 있다. "비네" 사장이 되든 보석상 주인이 되든 나는 그가 다시 시인의 자리로 돌아와 한잔 술에 기고만장하고 「표현」의 중심에 놓일 것이란 기대를 놓지 않을 것이다.

임일진 시인이 들어왔다 나가고 전태규 정일남이 들락거리다가 82년 10집을 내며 「표현」은 긴 겨울잠을 잔 적도 있었지만 다시 재기한 저력이야말로 강원도 뚝심이다.

지난 해 겨울, 석사동 패거리 시대를 마감하고 춘천수렵장 콘도에 모인 새 식구들을 만났을 때 무척 반가웠다. 박기동 시인의 집에서는 떡을 해오고, 허문영 시인은 양주을 가지고 오고, 김재룡 시인은 귤을 가지고 오고, 김창균 시인은 속초에서 오징어를 가지고 왔던가…, 부부동반으로 각양각색 그렇게 장만하고 모인 술자리이지만 썩 잘 어울리고 다정해보여 역시 이들이 추구하는 시정신처럼 출판기념회도 아주 특별나구나, 황 화백이나 우안이나 초대를 받은 사람들을 감동시키기에 넉넉했었다.

지난 겨울 남도 여행 때 만난 동인들의 표정들도 그랬다. 활기에 넘치고 있었다. 참 잘했다는 생각이 들었다. 진작 만나 어울렸어야 했다. 네 사람의 동인이 아닌 불어난 식구들이 대견했다. 에너지가 넘치고 재치가 넘치고 있는 자리에 내가 함께할 수 있어서 참 고마웠다. 「표현」은 그 동안 해 온 업적도 크고 앞으로 해 낼 작업도 중요하다. 그만큼 「표현」 시동인에 대해 거는 기대가 거국적이고 세계적이란 사실을 식구를 늘린 동인들은 잊지 않아야 할 것이다.

시만 안 쓰지 나도 「표현」 동인이나 다름없다는 생각을 하며 뭐 거들게 없나 살펴보는 시간 또한 즐겁다.

「풀무」가 키운 문학의 꿈

원고지 사용법부터 시작하다.

춘천에서는 꽤 발이 넓은 선배교사 한 분이 젊은 주부들에게 창작실기를 담당해 줄 수 있겠냐고 제의해 왔다. 젊은 주부라는 말에 대한 호기심과 선배의 부탁을 거절했다가 어떤 불이익이 돌아올지도 모른다는 염려 때문에 일단 그러겠다고 응답은 했다.

정규시간에 외부에 나가 강의를 한다는 것은 큰 부담이었지만 젊은 주부를 대상으로 수업을 한다는 설레임 때문에 이것저것 한꺼번에 물었다. 누가 부탁한 것이며 일주일에 몇 번 출강해야 하며 그렇잖아도 꽉 짜여진 교과시간표인데 시간을 조절하는 것도 여간 어렵지 않을 것이라며 말을 흐렸다.

시간을 조절하는 문제는 교무과와 협의해서 해결해 줄 터이니 우선 YWCA 정을섭 총무님을 먼저 찾아가 지도일정과 시간을 논의해 보라고 했다. 정규수업 외에 과중하게 편중된 보충수업, 방송수업으로 몸살을 앓고 있는데 밖에 나가서 매주 외부인사를 상대로 강의를 한다는 것이 그리 쉬운 일은 아니었다. 그러나 젊은 주부를 상대로 강의를 하게 된다는 호기심은 그 모든 어려움을 극복하는 동기유발이 되었다.

학교 시간이 다소 느슨한 수요일이던가 목요일이던가를 택일해 주 1회 2시간씩 창작실기지도를 담당하기로 했다.

학창시절에는 학교 문예반이라든지 그런저런 동아리에서 문학에 대한 꿈과 열정을 키워왔었는데 직장생활에다 결혼생활로 이어진 바쁜 생활 때문에 그 꿈을 이루지 못한 채 세월을 보내고 있는 여성들이 적잖게 있다는 것을 알고 YWCA 문화교실에 문예창작 과정을 신설해 그녀들의 갈증을 풀어주자는 뜻으로 창작반을 열게 되었다는 정 총무님의 설명을 들었다. 여건은 미비하지만 선생님이 잘 지도해 주셔서 이네들의 열망을 해갈시켜 달라는 부탁을 들으면서 나는 아직 창작집 한권도 엮지 못하고 있는 내 자신이 부끄러웠다.

지금은 모두 철거됐지만 YWCA회관은 시민회관 바로 아래 있던 한옥이었다. 응접실을 개조해서 제법 크게 꾸민 방이 강의실이었는데 비바람이 불지 않는 날은 주로 야외수업을 했다. 강의실을 찾을 때마다 나는 소설 상록수의 주인공 채영신이 동네 조무래기들을 모아 놓고 한글강습을 열었던 예배당이 떠오르곤 했었다.

첫 수업은 자기소개부터 시작하기 마련이었다. 우리들의 첫 수업도 아마 그렇게 시작되었을 터였다. 살아가는 이야기부터 시작하다가 슬그머니 상대방의 글쓰기 수준을 탐색하는 시간으로 들어갔을 것이다. 수강생의 수준을 알아야 그네들의 눈높이에 맞춰 문학이론과 창작실기에 들어갈 수 있는데 쉽게 간파할 수가 없었다. 주부 수강생들은 한결같이 맨 밑바닥부터 지도해 달라고 주문했다.

미혼여성은 나중에 동화작가가 된, 도청에 근무하는 고옥희 여사 하나뿐이었고 직장일 때문에 출석을 포기했던 첫 번째 수강생이 되었던 것으로 기억된다. 그러고는 모두 삼사십 대 아줌마들이었다.

첫날 나는 2백자 원고지부터 준비해 오라고 과제를 냈다. 원고지 쓰는 법부터 시작해서 문장만들기를 먼저 강의했다. 문장이 돼야 시든 산문이든 쓸 수 있을 것이란 판단을 가지고 4월부터 시작한 문장작법은 긴 문장 짧은 문장의 효능과 역할을 터득하는 과정에 오래도록 머물렀다.

처음 만난 첫째날 강의는 자기소개와 이런저런 화제를 나눈 뒤에 자신의 문장력을 알아보기 위해 '자화상' 이란 제목을 가지고 글을 써보는 시간을 가졌던 것으로 기억된다.

둘째 시간에는 백지에 써봤던 '자화상' 을 원고지에 옮기면서 글을 다듬어보라고 했을 것이다.

강의가 거듭될수록 눈에 띄게 달라지는 문장력에 놀랐고 산문보다 시적 상상력이 풍부하다는데 놀랐다. 한 해가 저물어 갈 무렵에는 산문 한편 정도 완성할 수 있게 문장력과 상상력이 늘었다. 학창시절에 써보고 생각했던 글재주가 되살아나기 시작하는 것을 발견할 수 있었다. 첫해 1년은 그렇게 문장력을 다듬는 과정으로 마무리되었다.

문집 <풀무> 출간과 해프닝

틈새 시간을 이용해 글을 쓰자니 자연스레 시에 애정을 가지는 것은 당연했다. 산문은 긴 시간 노동력이 필요하고 시는 떠오르는 발상을 잠깐 메모해두었다가 시적 상상력을 발휘해 한 편의 시로 마무리하기 알맞은 그릇이었을 터이다. 아니 그보다 수강생들은 진작부터 시적 상상력이 돋보였던 것이다.

송순자, 한미경, 이란숙 여사들만 산문 쓰기에 열중했다. 이란숙 여사의 경우 내가 창작지도를 그만 둔 뒤에도 습작소설을 두 편 정도 보내와 그녀의 작품을 읽은 독후감을 몇 자 적어 보냈던 기억도 있다.

그 무렵에 나는 능력의 한계를 느끼고 있었다. 시를 강의할 때마다 부족한 내 시작경험이 드러났다. 이들에게는 전문적인 시작 능력을 가진 시인의 손길이 필요했다. 어디 먼데서 찾을 필요도 없었다. 시 하면 내가 근무하는 학교 동료교사 최돈선 선생이 있었다.

일찍이 월간문학과 동아일보 신춘문예를 통과한 시인이요 독학으로 중등교사 자격증을 따낸 훌륭한 재원이 버티고 있지 않던가. 선술집에서 그는 한마디에 승낙했다. 그도 아마 나처럼 젊은 주부들을 대상으로 시 창작수업을 하게 된다니까 호기심을 발동했을 터였다.

이듬해부터 시는 최돈선 선생이 맡고 산문은 내가 맡아 장르별로 강의하게 되었고 수강생들은 그만큼 질 높은(?) 창작실기를 배울 수 있었다.

가끔씩 밖에서 회식 모임을 가지곤 했다. 5월이면 선생을 대접한다는 뜻에서 꽤 그럴싸한 집에서 만나기도 했다. 그해 가을이었을 것이다. 한두 편씩 써 둔 작품들을 모아서 문집을 내보면 어떻겠느냐고 정 총무님이 제안했다. 문집을 만들어보자는 제안이 나왔을 때의 표정을 나는 기억하고 있다. 한두 잔씩 억지로 마신 술기운 탓도 있겠지만 모두 설레는 표정으로 서로를 확인해보는 모습들을 나는 잊을 수가 없다.

문집 제호를 무엇으로 해야 하는가에 대해 꽤 오랫동안 숙고를 거듭했다. 싹을 띄운 문학의 재능을 불길처럼 활활 타오르도록 지속적인 격려와 채찍이 필요하다고 의견이 좁혀질 무렵 기정순 여사가 '풀무' 로 하면 어떻겠냐고 제안했다. 문학의 불길을 활활 타오르게 할 수 있는 힘은 대장간의 '풀무' 같은 것이다. 정 총무님도 제호 '풀무' 가 좋다고 기꺼이 허락해 주셨다.

문집 '풀무'의 편집은 내가 맡았다. '강원문학'지나 학교 교지를 통해 편집통이라고 인정받은 나로서는 당연한 것이었다. 나는 '실천문학'의 표지처럼 단순하면서도 강열한 디자인을 미리 구상해 두고 있었다. 그러나 옵셋인쇄가 아니었다. 각자 주머니를 털어서 만드는 문집이었다. 목판인쇄도 아니고 마스터 인쇄라는 것을 생각하고 디자인을 구상했어야 되는데 그만 엄청난 실수를 저질렀던 것이다.

"정초에 홍천 장날 가면 1년 길흉 보는 토정비결 있잖아? 그 토정비결 표지 같아. 불긋불긋한 게 촌스럽고 어설프게 보이네."

말을 아끼고 있던 총무님이 한마디 하자 이구동성 표지가 유치 찬란하다는 쪽으로 험담이 쏟아지기 시작했다. 아뿔싸, 내가 왜 쉽사리 편집하겠다고 나섰던가. 내 얼굴도 풀무 표지처럼 울긋불긋해졌을 터였다. 옵셋인쇄가 아니고 시험지 프린트하듯 찍어내는 마스터 인쇄기술로는 내가 의도한 표지가 나올 수 없다는 것을 왜 미리 인지하지 못했던가. 지금에서야 실토하지만 내게 편집통 운운 하던 찬사는 풀무에 이르러 하루아침에 작살이 나버린 꼴이 되었다.

풀무는 내게도 불을 질렀다.

'풀무' 2집을 만들기 전에 나는 수필가 이희수 선생에게 짐을 넘기고 학교생활에 매달리게 되었다. 고3 수험생을 맡으면서 창작실기도 놓게 되고 그나마 찔끔거리듯 써내던 작품도 손을 놓아야만 했다. 아침 7시에 집을 나섰다가 밤11시에 들어오는 생활을 반복하다보니 영혼이 건조해지고 내 문학적 상상력이 황폐해지는 것 같아 안타까웠다.

고3 수험생들에게 매달리는 십여 년 가까운 기간은 내게 혹독한 겨울이었다. 허송세월 보내는 동안 가끔씩 풀무 식구들의 등단소식이 전해져 반갑고 보람됨을 느낄 수 있었다. 그럴수록 나는 좌불안석 안타까웠다. 문학이 없는 내 삶은 오아시스 없는 사막과 다름이 없었기 때문이었다. 풀무 식구뿐 아니라 내가 직접 가르친 제자들도 보란듯이 등단하여 나보다 먼저 시집을 출간하고 있었다. 나는 열등감에 사로잡혀 소설의 소자만 들어도 한숨과 함께 작아진 얼굴을 어디다 둘지 몰라 쩔쩔맸다.

그렇잖아도 교직에 첫발을 내디딜 때부터 정년퇴직까지 생각하지는 않았다. 기력이 남아 있을 때 작품집을 몇 권 만들어야 내 삶이 완성되리란 생각을 이미 품고 있었기 때문에 쉽게 명퇴를 결정할 수 있었다.

퇴직한 이듬해에 산문집을 펴냈다. 소설집을 내야지 산문집을 먼저 내면 어떻게 하느냐고 선배 작가 한분이 나무랐지만 기회는 산문집이 먼저 기다리고 있었다. 기독교방송국에서 주 1회로 '살아가는 이야기'를 써서 직접 낭독해 달라는 주문이

들어왔다.

1년 조금 넘게 산문을 써서 발표했다. 그 발표 작품 중에 '여자가 아름다울 때' 라는 산문은 6, 70년대에 고등학교를 다닌 사람들이라면 쉽게 기억할 수 있는 '우리를 슬프게 하는 것들' 의 산문 리듬처럼 문장을 풀어나갔다. 그 산문의 내용에 나오는 아름다운 여성의 모델이 바로 풀무를 제안한 정을섭 총무님이고 풀무 회원이었던 박찬옥 여사임을 고백한다. 누가 봐도 그분들은 우아한 자세와 인품을 고루 갖춘 여성으로 비쳐졌을 것이라고 감히 말하고 싶다. 여성에 대한 나의 이상형이었다.

가평에서 전문직을 거쳐 교장으로 퇴직한 시인 한분이 재직 당시 학교어머니회원들에게 나의 산문 '여자가 아름다울 때' 를 프린트해 나눠주고 읽은 소감을 발표하는 시간을 가졌다고 했다.

"요즘 여자들이 이 산문에 나오는 여성처럼 언행과 예절이 바르고 품위를 유지하면서 여성의 우아함을 드러내기는 불가능에 가깝다. 작품의 여인상을 쫓다가는 숨이 막혀 곧 질식사할 것이다." 라는 결론을 얻었다고 했다.

그렇게 전하면서 그분은 내게 그런 현실감각 가지고 어떻게 소설을 쓰냐고 빈정댔었다. 현대를 살아가는 여성들에게 내가 쓴 산문, 내가 제시한 여성상은 너무 이상적이라고 비판을 받았을 만큼 두 분에 대한 나의 존경은 세월이 지나도 변함이 없다.

작품쓰기에 도움이 될까 하여 환경운동을 하는 시민단체에 얼굴을 내민 적이 있었다. 그 모임에서 정을섭 총무님(모임에서는 공동대표)을 만났고 나중에 '종가' 집을 운영할 때에도 여러 번 찾을 기회가 있었다.

작품도 제대로 쓰지 못하는 내게 기회가 있을 때마다 창작실기니 작문이니 하는 역할이 주어졌다. 이번에는 교육대학에 나가 '작문지도법' 과 '편집' 이란 두 강좌를 강의하라는 영광을 받았다. 출강한 교육대학 교정에서 뜻밖에도 박 여사님을 만났다. 대학생들에게 여성학과 전통예절을 강의하신다고 했다. 예전보다 더 세련된 모습으로 예비교사들 앞에 서고 있었다.

그 무렵 나는 '여자가 아름다울 때' 의 모델이 누구냐고 질문을 받았던 적이 여러 번 있었다. 그때마다 나는 두 분이 있지요, 하고 그냥 웃으며 대답했다. 조용히 웃으면서 나는 두 분을 떠올리곤 했다. 그러나 그때 70대가 된 두 분의 모습은 전혀 상상하지 못했었다.

「개벽」의 편집장 차상찬 선생

3.1독립운동 이후 문화정책으로 일제의 통치방법이 바뀐 틈새를 이용해 조선일보, 동아일보에 이어 월간 종합잡지 '개벽'이 창간된다. 1920년의 일이었다. 조선이나 동아도 삼엄한 일제의 검열에 시달렸을 것이지만 '개벽'은 더욱 심했다. 지령 72호를 내기까지 논문 삭제 95회, 발매 금지 34회, 정간 1회, 벌금 1회 등 혹독한 검열을 받으면서도 일제의 탄압에 굴복하지 않고 어떻게 해서든지 민족의 정기를 담으려 저항하다가 1926년 폐간된다. '개벽'은 다시 1934년 복간되지만 재정난 때문에 이내 문을 닫게 된다.

'개벽'은 신문화운동의 구심점이었다. '개벽'을 통해 소설가 김동인 현진건 나도향 주요섭 과 시인 김억 김동환 주요한 등 당대 유명 문학인들을 배출하는 등용문 역할을 했다. 소월의 '진달래꽃' 이상화의 '빼앗긴 들에도 봄은 오는가' 염상섭의 '표본실의 청개구리' 같은 작품이 '개벽'을 통해 발표되었다는 것을 아는 사람들은 많아도 정간과 속간, 폐간과 복간을 거듭하면서도 일제에 항거하며 개벽을 이끌어왔던 고집불통이 춘천 출신 차상찬 선생이라는 사실을 아는 사람들은 그리 많지 않을 터이다.

그는 증리(실레마을)의 김유정보다 21년 앞서 송암리(자라우)에서 태어났다. 두 사람 공교롭게도 춘천시 신동면 증리와 송암리, 경춘국도를 사이에 둔 마을에서 출생해 서울 유학을 떠났고, 한 사람은 문학인이 되고 한 사람은 언론인이 되었다.

차상찬이 사재를 털어 '개벽' 복간을 준비하던 무렵 김유정은 낙향하여 실레마을에 금병의숙을 세우고 야학을 열게 된다. 김유정은 친구 안회남의 주선으로 그의 첫작품이 된 <산골나그네>를 '제일선(1933.3)'에 발표할 때 공교롭게도 차상찬은 '제일선'의 편집인 겸 발행인이었다. 이후 김유정의 <금 따는 콩밭> 역시 차상찬 주간 '개벽' 속간호(1935. 3)에 발표된 것도 그가 고향 후배 김유정의 글 재능을 인정했던 때문이라고 전한다.

김유정은 1994년 문체부가 제정한 3월의 문화인물에 선정되었고 차상찬은 10년 뒤인 2004년에서야 겨우 11월의 문화인물로 선정된다. 두 분 모두 거의 같은 시대에 춘천이 낳은 자랑스런 문화인물이다.

문화인물로 선정되는 계기를 시작으로 김유정은 그의 고향 마을에 문학전시관이 세워졌으나 차상찬은 무슨 연고인지 아직 이렇다 할 기념비조차 세워진 바 없다. 늦었지만 한국잡지협회의 주선으로 지난해 11월 제45회 '잡지의 날'을 맞아 우리나라 잡지언론계의 선구자이며 항일독립운동을 펼쳤던 차상찬 선생에게 은관문화훈장을 추서했다.

방정환 선생과 함께 어린이날을 제정하는 견인차 역할도 했다(1922년). 일제의 언론탄압에 맞서 31개 단체로 구성된 '언론집회압박탄핵회'를 결성하고 실행위원을 맡아 활동하다가 일제에 연행되기도 했다(1924년). 필화사건에 연루되어 방정환 선생과 서대문형무소에 동시 수감되고 4개월 가깝게 옥고를 치르는 고초를 겪기도 했다(1927년). 그가 직접 편집장이었고 발행인으로 참여했던 '개벽'을 비롯해 '부인' '신인간' '조선농민' '혜성' '제일선' 등 여러 잡지에 7백여 편에 달하는 글을 쓰며 일제에 맞서기를 주저하지 않았음을 신현득 전 새싹회 이사장은 밝히고 있다.

(사)문화커뮤니티금토는 강원문화재단의 지원을 받아 2007년부터 2009년까지 강원근대문화인물 네 분(언론인 차상찬, 조각가 권진규, 작곡가 이건우, 연극인 고설봉)에 대한 연구조사를 벌이고 그 결과물로 '강원의 근대문화인물'이란 보고서를 만들어냈는데 그 첫 번째 인물이 바로 일제의 탄압통치에서도 정론직필을 실천했던 차상찬을 올려놓았다.

차상찬 선생의 경우는 이번 기회에 정론직필을 늘 주장하는 신문사 쪽이 앞장서서 그의 향리 자라우마을에 기념관을 건립

하는 사업을 추진했으면 좋겠다. 그가 남긴 글과 관련 자료들을 열람할 수 있고 그의 남다른 항일정신을 기릴 수 있는 공간이 마련된다면 김유정문학마을과 함께 춘천의 문화적 가치를 더하는 새로운 명소로 태어날 것이다.

어린이날과 청오 차상찬

어린이날은 1922년 5월1일 '천도교소년회' 이름으로 선포하게 된다. 선포식에 앞서 동년 4월22일 차상찬을 비롯해 방정환, 김기전, 박달성, 구중회 등 다섯 명의 지도위원들은 54명의 회원들과 함께 '천도교소년회'를 발족하고 대대적인 기념행사와 함께 어린이운동을 전개해 나갈 것을 골자로 하는 정관을 채택하게 된다.

당일 기념행사는 일본 당국의 집회 허락이 늦게 떨어져 가까스로 오후에 진행되었는데 선전대와 창가대가 각각 세 대의 차량에 분승하여 거리를 돌며 어린이날의 취지문을 비롯해 부형과 소년, 일반인들에게 알리는 전단지를 배포했다고 전한다. 이것이 우리나라 최초의 어린이날이었다.

이듬해 5월에는 천도교소년회를 '조선소년지도자협의회'로 조직을 확대하고 어린이날을 거국적인 행사로 발전시키게 된다. 이 모든 행사를 기획하고 주도한 인물이 이른바 조선소

넌지도자회 실행위원인 청오 차상찬을 비롯해 소파 방정환 등 지도위원 5인방이었다고 박길수의 <차상찬 평전(도서출판 모시는 사람들. 2012.1.15)>에서 밝히고 있다.

<어린이>잡지의 발행인이 방정환이요 <어린이>지를 발간한 1923년을 전후해 <개벽사>의 발행인이 방정환이었던 점을 고려한다면 '어린이날' 제정은 소파 방정환 선생이 주동인물이 된다. 그러나 <개벽사>에서 발간한 여러 잡지 즉 <개벽>지나 <부인> <신인간> 등의 편집장이요 운영과 편집의 실권자는 청오 차상찬이었으므로 어린이날을 기획하고 선포하는 막중한 역할은 춘천 출신 청오 차상찬 선생이었을 것이란 추측이 가능해진다.

공교롭게도 지도위원 5인방이 모여 천도교소년회 발족을 주도하고 어린이날을 제정 선포하던 1922년과 1923년 사이 소파 방정환은 일본에 머물면서 청오에게 <개벽사> 식구들의 안부를 묻는 편지를 보낸 것으로 기록은 전한다. 때문에 어린이날이 탄생되던 역사적인 순간의 핵심 역할은 청오 차상찬이고 어쩌면 잔치상을 다 차려 놓은 뒤에 소파 방정환이 상징인물로 모셔진 것은 아닐까, 라는 개연성을 가지는 까닭은 실제로 이런 사업을 추진해 본 사람이라면 쉽게 납득되는 일이기 때문이다.

어린이운동은 물론이고 <개벽사>의 발행인, 편집인으로서의 청오와 소파, 두 사람의 관계를 "청오가 들보라면 소파는 기둥이요, 소파가 들보라면 청오는 기둥이다" 라고 극작가 박진이 역설했던 점을 고려한다면 어린이날 제정, 선포는 기울어짐 없이 두 사람의 공적으로 돌려야 한다고 판단한다. 그렇게 해서 시작된 어린이날은 1927년부터 5월의 첫째 일요일로 변경되어 거행되다가 일제의 강압에 못이겨 1939년부터 중단되는 수모를 겪게 된다. 해방을 맞은 이듬해 46년부터 어린이날은 매년 5월 5일로 굳어져 오늘에 이르고 있다.

청오의 어린이운동은 주로 <어린이>잡지에 '을지문덕 장군', '정포은과 이율곡', '정충신이야기' 등 주로 우리나라 역사를 빛낸 위인들의 전기를 발표하여 우리 역사에 대한 자긍심을 심어주는데 주력했다.

1928년 10월 동아일보 학예부와 차상찬의 개벽사와 공동으로 주최한 <세계아동예술전람회>는 열악한 여건임에도 불구하고 20여 개국 어린이들의 작품들을 수집, 전시함으로써 당시 암울한 식민시대를 살던 우리 소년소녀들의 가슴에 용기와 꿈을 심어주는 계기와 더불어 그 일을 주도한 청오의 능력을 높이 평가한 당시의 신문 기사들에 주목할 필요가 있다.

한국 잡지계의 선구자로만 부각되던 춘천 출신 청오 차상찬 선생은 소파 방정환 선생과 더불어 어린이날을 제정, 선포하는 막중한 역할을 담당했고 출판문화운동과 함께 어린이운동을 통해 항일민족정신을 심으려 남다른 열정을 쏟았었다는 사실을 이 기회에 우리들은 깨달아야 한다.

미래를 보는 탁월한 안목을 가지고 어린이운동을 선도했던 청오의 발자취를 되새기며 신록의 5월을 맞이하고 싶다.

서면 사람들

– 申崇謙 장군의 후손, 평산신씨平山 申氏

시조, 고려 개국공신 장절공 신숭겸

"여보게 능산"

왕건이 손나팔을 만들어 신숭겸을 불렀다. 능산(신숭겸)이 말고삐를 바짝 틀어잡고 왕건 가까이 다가섰다. 왕건을 모시고 황해도 평주(지금의 평산)까지 사냥을 나온 터였다.

"아우의 활 솜씨가 뛰어나다던데 어디 이 기회에 한번 실력 발휘를 해보시지."

활쏘기 하면 벌거숭이 때부터 익혀온 솜씨이긴 하나 왕건을 비롯해 수많은 군신 앞에서 시위를 당겼다가 만에 하나 실수를 저지르는 날에는 천하명궁 능산이란 이름이 하루아침에 추락할 판국이었다. 허나 능산은 왕건의 분부를 거절할 수가 없었다.

"저기 삼탄三灘 나루 쪽에서 날아오는 기러기 편대가 보이지 않는가? 저놈들 중에 한 마리를 명중시켜 보게나."

능산은 잠시 생각에 잠겼다가 다시 왕건에게 물었다.

"무리 중에 어떤 놈을 맞힐까요?"

"그렇다면 세 번째 날아오는 녀석을 명중시켜. 명중시키되 조건이 있다네. 이왕이면 녀석의 왼쪽 날개를 맞춰 떨어뜨려 보게나, 능산."

왕건의 분부가 내려지자 강무(講武;임금과 함께 사냥도 하며 무예를 닦던 일) 행차에 동원된 수많은 군신들이 수군거리기 시작했다. 날아가는 기러기의 무리들 가운데 한 마리를 골라 그놈의 왼쪽 날개를 맞추라니.

군신들의 시선이 능산의 얼굴에 꽂혔다. 심호흡을 한 다음 능산은 화살을 뽑아 서서히 날아가는 기러기를 향해 시위를 당겼다. 잠시 후 능산이 쏴 맞힌 기러기를 몰이꾼이 잡아 가지고 달려왔다.

어영대장이 들뜬 목소리로 왕건에게 아뢰었다.

"분명, 화살이 왼쪽 날개에 꽂혔습니다."

화살을 뽑으면 금세라도 퍼덕이며 날아오를 기세로 기러기는 거친 숨을 몰아쉬었다.

"과연 내 아우 능산이구려."

능산의 두 팔을 덥석 잡은 왕건은 눈물이 괴도록 크게 웃었다.

왕건은 그날 저녁 회식 자리에서 능산의 본관지를 평산平山으로 삼을 것을 명하고 기러기가 날던 그 아래 땅 3백결을 주어 자손대대로 조(租;세금)를 받아먹도록 분부하였다.

"우리 평산 신씨는 그렇게 해서 고려 태조 왕건으로부터 직접 본관과 성을 하사받았지요."

연전에 봉의여자중학교 교장으로 정년퇴직한 신관균 평산 신씨 강원도 화수회장(춘천 화수회장 겸임)과 신현덕 장절공 묘역 관리사무소장 앞에서 필자가 드라마 <왕건>을 화제로 삼자 신씨 득성 내력을 첫 번째로 꺼냈다.

신숭겸 장군 가장 특출한 인물

'신동국여지승람' 에 보면 장절공은 본래 전라도 곡성 출신으로 태조 왕건이 평산에서 사성(賜姓; 군왕이 김씨, 이씨, 박씨, 하는 성을 내려주다)했다고 전하고, '고려사' 열전에는 광해주(光海州; 지금의 춘천지방) 사람이라 기록되어 있으니 어떻게 받아들여야 되냐고 필자가 의문을 제기하자, 출생은 곡성이지만 조상대대로 뿌리내리고 살아온 춘천이 고향이므로 사후에 고향땅 서면에다 묘소를 쓴 것이 아닌가 판단된다고 신현관 회장이 조심스럽게 대답했다. 그는 또 덧붙였다.

"도선국사가 사후에 왕건이 묻힐 자리로 점지해 둔 곳이었는데 신숭겸이 자신을 대신해서 전사하자 그에게 저 자리(그는 장절사 지붕 너머를 가리키며)를 양보했다고 전해집니다. 우리나라

2대 명당 중에 한 곳이지요."

쭉쭉 잘 자란 소나무 숲 사이로 묘역이 드러났다. 발걸음을 옮기며 묘역을 올려다보았다. 한 눈에 봐도 과연 명당이로구나, 하는 감탄을 느끼게 했다.

장절공 묘소가 춘천 서면 방동리 외에 두 군데나 더 있고, 방동리 묘소의 것처럼 봉분도 똑같이 세 개씩이라고 호사가들이 떠들어대는 소리를 들었는데 과연 맞는 소문이냐, 의구심을 풀어달라고 주문했다. 이번에는 신현택 관리소장이 받았다.

"공산(公山; 지금의 대구) 전투에서 장절공의 잘린 머리를 왕건의 것으로 알고 견훤의 군사가 전리품으로 가져갔기 때문에 전투가 끝나자 왕은 장절공의 머리 부분을 황금으로 만들어 성대히 예장할 것을 명했습니다. 그 황금머리 때문에 세 군데, 그러니까 이곳 춘천과 전라도 곡성과 황해도 평산에 묘소를 쓰고 봉분도 각각 세 개씩 만들었다는 정체불명의 소문이 나도는데,"

"그렇다면?"

"와전된 것입니다. 보시는 바와 같이 저렇게 봉분 세 개를 만들어 묘소를 썼지요. 봉분 셋 중에 어느 것이 진짜 황금머리로 완성된 시신이 안치된 것인지 저의 문중에서도 잘 모르는 일입니다. 지적하신 대로 도굴을 피하기 위한 장치이겠지요. 누군가는 세 봉분 가운데 두 개는 부인의 묘소, 그러니까 첫째 부인, 둘째 부인과 함께 합장한 묘소로 보는 이들도 있습니다."

관리소장과 화수회장, 필자 셋이 신숭겸 장군의 묘소를 바라보며 고개를 끄덕였다.

"또 이런 이야기도 전합니다. 장절공의 애마가 주인공의 잘린 머리를 물고 장군이 태어난 곡성 동면 구룡리로 달려갔다고 합니다. 부근의 절집에서 염불하던 스님 한분이 요란한 말울음 소리에 나와 보니 잘린 머리를 내려놓고 말이 울다가 죽더랍니다. 스님은 말이 물고 온 머리를 수습하고 그 터에다 단을 만들었다죠. 후에 문중 사람들이 구룡리 이름을 따 용산단이라 이름짓고 매년 제례를 올리고 있습니다."

신숭겸 장군은 홍유, 배현경, 복지겸과 협력해 궁예를 몰아내고 왕건을 추대하여 고려국을 세운 개국공신이다. 왕건이 즉위한 7,8년 동안은 고려와 후백제 사이가 소강상태였으나 태조 10년(927년) 견훤이 고울부(高鬱府;지금의 경북 영천)를 습격했다. 이어서 서라벌로 쳐들어가 경애왕을 죽이고 온갖 만행과 약탈을 감행하자 태조는 견훤을 물리치기 위해 5천 군사를 이끌고 공산 동수桐藪에서 견훤의 군대와 격전을 벌였다.

전세가 매우 불리해졌다. 견훤의 군대에 포위되어 왕건이 위급하게 되자 신숭겸은 왕건을 뒤로 물리고 왕건 대신 진두에서서 김락, 원보 등과 함께 포위망을 뚫다가 전사했다.

태조 왕건은 신숭겸의 죽음을 애도하여 시호를 장절공壯節公으로 내리고 그가 장렬하게 전사한 공산벌에 지묘사智妙寺라는 절을 짓게 하여 명복을 빌게 하였다.

걸출한 인물 다수 배출

"율곡의 어머니 신사임당도 평산이 본관이란 말을 들었습니다만,"

"맞습니다. 좌의정을 지낸 신개의 현손녀(손자의 손녀)이며 진사 신명화의 딸로, 주지하다시피 강릉에서 태어나 어려서부터 경문을 배우고 문장과 자수에 뛰어나 일찌감치 세인들을 놀라게 했죠. 우리는 잘 모르지만 안견의 영향을 받아서 화풍이 매우 독특하다더군요. 포도, 풀, 벌레 같은 걸 아주 꼼꼼하게 그린 걸 보면 과연 조선시대 최고의 여류화가 소리를 들을 만하구나, 하고 느끼게 되죠. 기념관에 사임당의 친필 초서를 탁본해서 여섯 폭짜리 가리개로 만든 거 보셨지요?"

발걸음을 다시 관리사무실 쪽으로 옮겼다. 양지 바른 재실 툇마루가 좋겠다고 신 회장에게 말해놓고 필자가 먼저 엉덩이를 걸쳤다.

"율곡 선생의 어머니 신사임당은 잘 알아도 그분이 평산 신씨라는 사실은 미처 모르는 분들이 많을 거에요. 이제 사임당은 그쯤 해두고, 역사적으로 걸출한 인물 한두 분 더 소개해주시지요."

신사임당 외에도 평산 신씨 문중에 걸출한 인물들이 많이 있을 것 같아 필자는 화제를 돌렸다.

"임진왜란 때 충주 탄금대 전투에서 왜병을 맞아 싸우다가 적의 포위망을 뚫지 못하고 남한강에 투신 자결한 신립 장군이 있지요."

신립申砬 장군은 선조 즉위년에 무과에 급제하여 관직에 나아갔다. 선조 16년(1583년) 온성 부사로 임명받아 북방에 침입한 니탕개尼湯介를 격퇴시켰고, 평안도 병마절도사와 한성 부윤을 거쳐 임진왜란 때에는 삼도순찰사에 이르렀다.

"상촌象村 신흠은 선조로부터 영창대군을 잘 보필할 것을 약속했던 유교칠신遺敎七臣 중 한 사람으로서 요 아래 서면 감아리에서 유배생활을 한 어른이시지요."

책자를 뒤적이다 말고 신현택 관리소장이 마을 아래쪽을 가리켰다.

선조 19년(1586년) 별시문과에 급제하여 삼도순변사(三道巡邊使;왕명을 띠고 변경 순찰 업무를 담당하던 특사), 도승지, 병조판서, 대사헌 등을 역임했다. 영창대군을 옹위하다가 이른바 계축옥사 때 광해군에게 밉게 보여 5년 가까운 세월 동안 춘천 서면에 유배되어(1617-1621) 자연과 벗하는 생활을 하며 이런 시조도 남겼다.

산촌에 눈이 오니 돌길이 무쳐세라
시비(柴扉;사립문)를 여지 마라 날 찾으리 뉘 이시리
밤중만 일편명월一片明月이 긔 벗인가 하노라.

신흠은 인조반정 이후 좌의정을 거쳐 영의정까지 올랐다. 장유, 이식 등과 함께 조선 중기를 대표하는 한문학자로 문명을 날렸다.

"소양강을 배경으로 쓴 시문집 '강상록江上錄'이 전하고, 현암리 어느 우물을 파고 쓴 '천정기穿井記'와 역대 인물을 기록한 '춘성록春城錄' 같은 문집들이 발굴돼 소개한 적이 있었죠."

취재를 마치고 돌아와서 한문 서예를 하는 김태을 선생에게 물었더니 춘천과 관련된 작품들은 그 정도일 거라고 대답했다.

"상촌보다는 경수당의 글이 더 많이 전한다구."

자하 또는 경수당이란 자호를 가진 신위申緯는 어릴 때부터 신동으로 소문나 14세 때 이미 정조 임금의 부름을 받고 대궐에 들어가 칭찬을 들은 바 있다. 정조 23년(1799년) 문과에 급제하고 도승지를 거쳐 이조와 병조참판에 올랐다. 그가 춘천부사로 재임한 때는 1818년부터 1819년이다.

"시,서,화의 삼절三節이라 불릴 만큼 그분의 작시법이나 필법이 독특했다더군요. 좌우간 춘천에 관련된 시 3백여 수를 묶어 '맥록貊錄'이란 시집을 만들었지요. 그게 아마 '경수당전고'에 수록되어 전할 걸요."

평산 신씨 가문에는 고종 임금 때 판소리를 연구하고 체계를 세워 심청가, 박타령, 토끼타령 등 다섯 마당을 정리한 동리 신재효申在孝가 있다. 국회의장을 거쳐 민국당 당수로 1956년 제

3대 대통령에 출마했던 신익희申翼熙도 있다.

근래에 평산 신씨 가문을 빛낸 얼굴로 국회의원과 춘천 시장, 춘천문화방송 사장을 역임했던 신옥철, 4선 국회의원을 지냈던 신철균, 새우리말 큰사전을 편찬한 신기철 등이 있다.

늦깎이 등단 문인들

시인이나 작가로 가장 확실하게 인정받는 길은 신춘문예 당선이라는 등용문이다. 아니면 문예지의 추천 또는 당선을 받아 문단에 등단하는 방법도 있다.

내로라는 소설가나 시인들의 문단 등용에 얽힌 사연은 눈물겹다. 우리가 잘 아는 작가 한 분은 등단을 위해 다니던 직장도 팽개치고 신춘문예 당선이라는 불확실한 가능성에 도전했던 젊은 시절을 술회하며 좌절과 패배로 점철된 칠전팔기 등단의 어려움을 밝힌다.

정작 그 어려운 관문을 통과하고 나서 피를 말리고 뼈를 깎는 작품만들기의 어려움은 등단 전보다 배가된다. 좋은 작품을 써야 한다는 강박감과 어쩌다 발표한 작품이 시원찮아 열등감에 사로잡히고 번민하다가 끝내 창작활동을 포기하는 일도 많다. 나이 더 들기 전에 좋은 작품 써서 남기겠다며 어떤 시인은 두 아이의 가장임에도 불구하고 과감하게 전업작가를 선언하고 나선 일도 있었고, 어떤 작가는 독방에 수감되어 끼니때마다 배식을 받는 수형자 입장을 스스로 만들어 작품 창작에만 몰두했던 일화도 전해진다.

지난달 치러진 한국문인협회이사장 선거 기간에 받아본 홍보물을 살펴보면 등록된 전국의 문인들이 1만2천여 명(우리 강원도 문인은 4백여 명)이나 된다고 한다. 엄청나게 불어난 문단 인구들의 요구사항과 불편부당한 제도를 개선해 나가기 위한 갖가지 공약들이 쏟아져 나왔는데 그 중에 필자의 시선을 끈 것은 원로문인과 고령이지만 늦깎이로 등단한 회원들에 대한 예우 문제와 신인문학상이라는 등단 제도였다.

2000년대 이후 문단에도 상업주의 바람이 불어 전국적으로 신인 등단제도를 시행하고 있는 문예잡지가 40여 개나 된다. 문예지의 다양성도 좋지만 등단의 남발로 인해 문인들의 위상이 한없이 추락하고 있음을 지적하면서 양적인 풍요도 중요하지만 질적인 충족이 또한 절실하다는 칼럼에 주목했다. 1차적인 책임은 신인을 다량으로 양산하고 있는 문학잡지이겠지만 2, 3년 습작해서 쉽고 편리하게 문인이 되겠다는 문학 지망생들이 더 큰 문제일 것이다.

앞에서 언급했듯이 등단 수단이 되는 문예지도 많지만 평생교육 차원에서 자녀들의 교육 뒷바라지를 마친 주부들이거나 퇴직하고 제2의 인생을 시작한 나이든 분들이 문예창작반에서 습작과정을 거쳐 뒤늦게 문단에 뛰어든 늦깎이 문인들이 날로 늘어나고 있는 추세라고 한다.

문단에 얼굴을 내민 지 불과 2, 3년밖에 되지 않았는데 시집을 엮어내거나 수필집을 출간하는 사례들도 함께 늘고 있는 형편이어서 우선 반갑고 놀랍다. 대기만성이라더니, 학창시절 문학도의 꿈을 이제 와서 실현하고 창작집까지 출간해 낸 늦깎이 문인들의 문학적 열정에 찬사를 보내지 않을 수가 없다.

그런데 한쪽에서는 7, 80년대 등단하기 하늘의 별 따기처럼 어려웠던 시절을 상기시키면서 운영난에 부딪친 문예지들이 조건을 걸고 문인들을 양산해 내는 제도와 함께 습작기간이 일천함에도 불구하고 너무도 쉽게 문단을 기웃대는 문단 정서가 크게 잘못됐다고 비판의 목소리를 높이는 문인들도 있다.

나름대로 피를 말리는 습작과정을 거쳐 등단한 젊은 문인들은 그래서 제도권 안에 들어오기를 꺼린다고 한다. 지난달 1월 25일자 본보 사설 '강원문협 새 진용에 거는 기대' 에서도 언급한 '품격 향상과 대화합' 이라는 지적은 이와 무관하지 않을 것으로 받아들이게 된다.

한때 평생교육기관에서 문예창작반을 지도했던 필자는 등단은 했지만 아직 미숙하다고 스스로 판단하고 2,3년 더 착실하게 창작반에 출석해 작품의 완성도를 높이던 여류문인들을 지켜본 경험이 있다. 쉽게 등단 과정을 마치고 안일하게 창작생활을 하는 문인들을 비판만 일삼을 일이 아니라 이들에게 좀더 치열하게 창작에 몰두할 수 있게 동기를 마련해 줄 '문예대학' 같은 재교육 과정을 신설하는 일은 어떨까 제안해 본다.

사랑하고 용서하라, 그리고 재무장하라.

– 춘천고 창학 88주년을 맞이하여

동서의 영재들이 모여 이룩한 동산 우리 모교 춘천고등학교가 개교한지 88주년이 된다. 사람의 나이로 치자면 미수米壽를 맞은 백발 노신사에 해당된다. 살아온 날들을 뒤돌아보며 버릴 것은 과감하게 정리하고 남겨서 영구히 보존할 것은 선별하되 어떠한 상황에 부딪치더라도 한결같이 그 온화한 인품과 세련된 아름다움을 잃지 말아야 할 것이다. 그리하여 창학 88주년을 맞이하는 우리들의 정신과 행동은 그 어느 때보다 노련하고, 수없이 많은 인생의 고비를 잘 넘겨온 사나이처럼 야성미와 함께 지성미가 넘쳐나기를 기대하는 것이다.

돌이켜보면 88년 모교가 걸어온 역사가 순탄하지만은 않았던 것처럼 우리 춘고인들도 끊임없는 고난과 시련을 겪으면서 우리를 낳아준 지역사회와 조국의 발전을 위해 헌신해왔음을 확인하게 된다. 일제의 억압된 식민통치시대에도 불굴의 의지를 꽃피웠던 상록정신, 북한의 기습적인 남침 공격과 휴전 이후 끊임없는 도발에도 투절하게 맞섰던 반공정신, 독재에 맞서 끝내 민주화를 쟁취했던 고귀한 희생정신, 열사의 나라든 혹한의 땅이든 가리지 않고 지구촌 곳곳에 찾아들어 국가산업발전에 일익을 담당하고자 동분서주했고 성장동력의 견인차 역할을 주도해왔던 역사의 주인공이 바로 우리 춘고인들이었음을 상기해 본다.

세계 도처에서, 각계 각층에서 우리 춘고인들이 보여준 노력과 잠재력은 실로 감동적이었다. 어디서든지 유감없이 독창성을 발휘하여 역시 춘고인들이란 믿음을 남겼고 탁월한 재능과 능력을 인정받을 때마다 하늘을 찌를듯 춘고의 위상은 더욱 높아졌다. 명문고의 전통은 하루아침에 이룩된 것이 아니라 그렇게 춘고인 한 사람 한 사람이 각자의 맡은 분야에서 정성들여 벽돌을 쌓아 올리듯 꾸준하게 활동한 결과임을 우리는 자각한다. 정치 경제 사회 문화예술 어느 분야에서든 우리들은 세계 속의 춘고인이 되었음을 자랑한다.

동문 여러분들의 끊임없는 노력과 모교 발전을 위한 헌신적인 지원에 힘입어 오늘에 이르렀음은 주지의 사실이다. 불비한 여건 속에서도 모교의 강단에서 재학생들을 열정적으로 지도해 주신 선생님들과 지도교사의 가르침에 눈빛을 세우고 낮과 밤 구별없이 최선을 다해 공부하는 후배들이 뒤를 이어주고 있기 때문에 명문 춘천고는 변함없이 성장을 거듭해 왔으며 지역사회 여러분들의 애정 어린 관심과 격려에 힘입어 춘천고등학교는 일취월장의 행보를 거듭하고 있음을 우리들은 자랑스럽게 생각한다.

세계 속의 춘고인으로 자리매김해 나가는 과정에서 나타날 수 있는 성장통이랄까. 선진과 후진이 한마음 한뜻으로 우리 춘고의 전통을 잇고 춘고인의 사명을 이루어 나가야 하는 원대한 목표가 분명하거늘 때로는 우리 자신을 망각하고 선진과 후진이 서로 헐뜯고 심지어 고소고발까지 서슴지 않는 불명예스런 작태를 우리는 목격했다. 지역 원로들과 선배동문들이 앞에 나서서 중재하고 타일렀지만 큰 성과를 거두지 못했다. 선망의 눈길로 응원하고 격려하던 수많은 시민들이 춘고인들끼리 서로 치고박고 싸우는 꼴불견을 지켜보며 실망하고 안타까워했다.

지역사회 여러 단체에 우리 춘고인들이 적잖이 포진되어 있는데 이러저런 이유로 불협화음이 끊이지 않는다. 선거철 때도 예외는 아니다. 유리한 득표전을 위해 혹은 공천을 선점하기 위해 벌이는 선후배 동문들끼리 비방과 비난이 난무한다. 이런 동문들의 한심한 작태를 척결하기 위해 총동창회 산하에 '특별중재위원회' 와 같은 강력한 기구를 만들어 부당행위를 저지르는 동문을 추출해내자는 목소리도 높다.

경향 각지와 세계 도처에 흩어져서 각자의 맡은 업무에 충실하고 나아가 지역사회와 국가성장발전에 크게 이바지하고 있는 3만여 총 동문들의 관심이 이번 가을 대축제에 모아지고 있다. 그간의 서먹함과 갈등을 날려보내고 화합과 우정을 다지는 '한마음단합대회' 가 열린다고 하니 참으로 가슴 설레인다. 창학 88주년 미수의 나이에 치러지는 단합대회이니만큼 이번 행사가 성공적으로 개최되기를 소망한다.

때마침 모교의 구 건물도 새롭게 신개축하여 새로운 모습으로 단장했고 총동창회도 새롭게 집행부를 구성하여 여러 가지 선결과제와 사업목표를 선정하고 일신해보려는 의욕이 넘치고 있으니 이번 '홈커밍데이' 가 지니는 의미가 매우 크다.

야망을 꿈꾸던 학창시절로 돌아가 가난하지만 자존심 하나로 버티던 소양로 시절을 회상하며 흩어진 마음을 추스르고 마음 가득 새로운 에너지를 충전하고 재무장하는 기회가 되기를 간절히 기원한다. 차제에 모교의 발전은 물론 총동창회 활성화에 이바지할 수 있는 적극적인 관심과 참여를 기대한다.

이 강산 삼천리에 횃불을 들자고 외치던 교가의 노랫말이 아직도 선명하게 남아 있다. 선진과 후진이 한마음 되어 춘고의 사명을 빛낼 춘고인의 대축제 '한마음큰잔치' 에 뜨거운 박수를 보낸다.

제3부

붕어섬에 붕어가 산다

피라미와 모래무지가 붕어섬 수초에 알을 낳고 식구를 늘려가고 있다. 수수와 메밀이 키재기를 하고 개망초와 쪼록싸리가 꽃을 피우고 있다.

춘천의 진산 봉의산

원로 문인 몇 분이 매일 아침 봉의산을 오른다. 8부 능선 쯤 올랐을 무렵 한차례 쉬고 다시 산행을 재촉하는 모양인데 숨을 고르며 정상을 바라보다 말고 불끈 울화가 치민다고 했다. 춘천을 상징하는 진산 꼭대기에 지금은 용도 폐기된 철구조물이 그대로 방치되어 있기 때문에 아침 산행길이 즐겁지 않다고 심회를 털어놓았다. 서둘러 폐기처분해야 함에도 불구하고 차일피일 미루는 작태를 신랄하게 꼬집으며 아무래도 환경운동하는 사람들이 나서줘야 일이 되겠다고 필자를 재촉했다.

춘천이 토박이인 어떤 지인은 잠을 잘 때 반드시 머리를 봉의산 쪽으로 두고 자는 버릇이 있는데 잠을 자다 문득 가위눌리기를 수없이 반복한다고 했다. 가끔 비가 오는 날 뒤숭숭해서 깨어나 보면 봉의산이 앓는 소리를 내는 환청에 시달린단다. 그 원인이 정상에 박힌 쇠말뚝 때문이라고 했다.

멀리서 바라보면 반사판은 도청 건물 바로 위에 위치한다. 그

전파 반사판은 춘천에 주둔하던 미군들이 70년대에 설치했고, 봉의산 정상에 위치한 송신탑은 83년 무렵 방송국과 경찰국이 합작으로 세우고 한국통신이 운영하는 철구조물이라고 춘천시가 밝히고 있다. 일관성 없기는 봉의산 쇠말뚝 관리 또한 예외가 아니었다. 반사판은 건설과 담당이고 송신탑은 산림녹지과 소관이었다. 철거 업무가 효율적으로 진행될 리가 없었다.

최근에는 송신탑 관리소 옥상에 춘천소방소가 화재 감시카메라까지 설치해 두고 있어 쇠말뚝 철거작업이 용이하지 않다고 담당자가 털어놓았다.

봉의산 살리기를 주도해온 '춘천 생명의 숲'에 문의했다. 벌써 몇 년 전부터 봉의산 살리기를 테마로 연1회씩 토론회를 개최하고, 장마철에 쓸려나간 주요 등산로에 흙 채우기, 나무 심기 등 생태계 복원을 위해 꾸준히 노력하고 있다고 답변했다. 봉의산의 경관을 회복하기 위해 여러 차례 관계기관에 공문서를 보내 쇠말뚝 철거작업을 독려했고, 관계기관장 회의도 소집해보았지만 강 건너 불구경, 반사판과 송신탑은 여전히 그 자리를 굳게 지키고 있다고 하소연했다.

시 담당자에게 다시 문의했다. 전파 반사판은 미군기지 양여 문제와 직결되어 있어 철거 작업에 한계가 있으며, 송신탑은 금년 말까지 부지 사용계약이 만료되면 관리소 옥상에 설치한 화재 감시카메라부터 옮겨야 철거작업에 들어갈 수 있다고 밝히고 있다. 봉의산 자체가 도유림이어서 여러 통로를 거쳐야 하는 등 행정절차가 까다롭다는 것이 담당자들의 소견이었다.

이삼일 정도 여행을 떠났다가 해질 무렵 원창고개를 넘어서게 되면 첫눈에 들어오는 것이 봉의산이다. 봉의산을 바라보는 순간 피로가 말끔히 풀리는 것을 느낀다. 봉의산의 그 젖무덤 같은 용태는 춘천의 모성적 상징이요 그리움의 대상이다. 몽고 침입 때도 그랬고 6.25 한국전란 때도 봉의산은 춘천을 지켜주는 엄폐물이었다. 조선시대에 전주 의주 강화 등지와 같이 춘천이 전란에 대비하기 위한 이궁으로 선택된 까닭이 바로 우두벌과 소양강을 굽어보는 봉의산이란 전략적 가치 때문이었다.

그렇거늘 미군은 점령군처럼 춘천시민들에게 한마디 의견도 물어보지 않고 덜커덕 반사판을 봉의산 꼭대기에다 세웠고, 시민들의 여론을 이끌어갈 지도층들이 일제의 쇠말뚝 같은 송신탑을 봉의산 정상에 설치했던 것이다.

전라도 광주 시민들은 무등산을 거의 신주처럼 받든다. 광주사람들의 무등산 살리기 또한 민·관·군이 합심하여 단합된 움직임을 보이고 있었다. 증심사에서 토끼봉에 이르는 경사면을 복토하는데 헬리콥터가 산 정상 부근에 흙을 나르고 산행길에 나선 시민들이 자발적으로 준비해 놓은 비닐주머니에 흙을 담아다가 나무뿌리가 드러난 곳에 흙을 채우는 모습을 바라보며 광주 시민들의 자존심이 곧 무등산임을 확인할 수 있었다. 생명의 숲도 그런 의욕으로 봉의산 살리기를 주도했지만 요즘은 맥빠지는 모양이었다.

5.31 지방선거를 앞두고 춘천시민들의 심기를 불편하게 만드는 봉의산 정상의 철구조물을 서둘러 철거해 보겠다고 나서는 단체장이나 기초의원 후보자들도 없다. 굵직한 공약도 좋으나, 춘천의 정기를 되살리는 매우 중요한 봉의산 쇠말뚝 철거작업에 일조해보겠다고 외치는 후보자 한두 명쯤 있었으면 참 좋겠다. 실천 가능한 것부터 챙기는 일이 곧 매니페스토(참공약 실천) 운동이 아니던가.

도시의 숲과 공원

북미나 유럽 여행을 다녀온 사람들에게 방문했던 도시의 첫 인상을 물어보면 고색창연한 건축물과 거목이 우거진 공원을 잊지 못한다고 말한다.

그 대표적인 도시 공원이 뉴욕의 센트럴파크요 벤쿠버의 스탠리파크, 런던의 하이트파크, 베를린의 티어가르텐일 것이다.

일본 오사카와 그 주변 지역을 다녀온 중년의 여행자에게 물었을 때도 오사카보다는 신라의 고도 경주와 비슷한 도시, 나라奈良에서 보낸 기억을 되새긴다. 도시 전체가 마치 숲에 파묻힌 듯한 인상을 떨쳐버릴 수 없는 모양이다. 그래서 여유가 생기면 다시 찾아가고 싶은 도시로 꼽는다.

미국 서부 캘리포니아 주를 여행한 사람들 중에 17마일 드라이브 코스가 시작되는 해변도시 몬트레이 숲길을 결코 잊지 못한다. 빽빽하게 우거진 가로수에서 뿜어나오는 나무향기가 그렇게 그윽할 수가 없다고 회상한다. 미국 사람들이 퇴직하고 쾌적하게 여생들 보낼 도시를 선택할 때 1순위로 꼽는 도시가 몬트레이라고 한다. 비교적 인구가 적어 덜 복잡하고 우거진 숲에서 뿜어나오는 산소량이 풍부해 기력을 회복하는데 도움이 된다고 한다. 이른바 '치유의 숲' 역할을 하기 때문이다.

도시의 품격은 도심 건축물의 배열, 디자인과 함께 녹지 공간을 얼마나 적절하게 확보했느냐에 따라 좌우된다. 공원의 접근성과 숲의 구성, 수종 선택과 관리, 도시의 특성에 맞는 조경도 뒷받침되어야 도시가 조화를 이루고 품격을 갖게 된다. 도시가 품격을 갖추게 되면 주민들도 어딘지 모르게 여유롭게 보이고 오래도록 머물고 싶은 도시, 다시 찾아오고 싶은 도시가 될 것이다. 상대적으로 부동산 값도 뛰어올라 자산 증식에도 큰 도움이 될 것이다.

경기도 안양은 오염하천의 대명사로 불리던 안양천을 생태공원하천으로 복원하여 청계천과 함께 성공한 하천복원의 사례로 유명해졌다. 오염된 하천을 복원하면서 평촌지구를 공원도시로 만든 훌륭한 발상도 가지고 있다. 그래서 평촌에 사는 사람들은 수도권 다른 지역에 사는 사람들로부터 품위 있고 돈 줄도 좀 있어 보이는 사람들로 취급될 때가 있다고 말한다.

시청사 바로 앞에 월드컵축구경기장 네 개가 들어설 정도의 공원(중앙공원)부지를 먼저 마련한 것부터가 예사롭지 않다. 시청사 바로 뒤(평촌공원)와 옆(학운공원)에도 도시공원을 배치해 녹지공간을 과감하게 확보한 도시 설계가 돋보인다. 경수산업도로가 교차되는 전후좌우에도 녹지(자유공원 평화공원 등)를 조성해 몬트레이나 다른 나라처럼 도시가 완전히 숲으로 에워쌓인 공원도시 같은 인상을 준다.

도시 한가운데 널찍널찍한 공원과 가로수가 우거져 도시는 한껏 풍요롭게 보이고 그 속에 사는 주민들은 귀족들처럼 보인다. 아파트 단지를 이어주는 통로마다 숲으로 우거진 산책로가 조성되었고, 심심찮게 쉬어갈 수 있는 나무의자도 설치되어 있어 언제든지 유모차를 모는 주부들과 간담을 나누는 노인네들을 발견할 수 있다. 그들을 바라보는 나그네의 마음까지도 행복감에 젖게 만든다. 그것이 평촌이란 신도시의 품격이 아닐까.

많은 사람들은 강원도를 가리켜 산림자원이 풍부한 도라고 말한다. 그만큼 수목이 풍부해 건전한 생태계를 유지하고 있다는 뜻이다. 그러나 산악지역에 국한한 표현이지 막상 도시로 내려오면 나무는 많지만 가로수 우거진 시가지는 없고, 숲은 우거져 있지만 쓸 만한 공원은 없는 실정이다.

춘천의 경우 최근 도심에 녹지공간을 확보해야 쾌적한 도시가 된다는 추세에 맞춰 공원을 만들고 있지만 평촌지구에 비하면 자투리 공원에 불과하다. 자연휴양림을 알리는 이정표는 있지만 공원을 알리는 이정표가 세워진 도시는 몇몇 해안 도시를 제외하고는 없다.

이삼 년 내에 미군부대가 있던 자리에 신시가지 조성을 위한 설계에 들어간다고 한다. 미군부대 옛 부지를 어떻게 활용할 것인가에 대한 방안들이 그동안 수없이 쏟아져 나왔지만 시민들은 우선 녹지공간을 충분히 확보해 달라고 주문해 왔다. 안양의 평촌지구처럼 숲을 조성하고 공원도 만들어 시민들이 마음껏 자연을 즐기고 휴식할 수 있는 신시가지의 탄생을 간절히 소망하고 있다.

과감하게 발상을 전환시킨다면 춘천을 전원도시, 시민공원을 가진 품격 높은 자연휴양도시로 만들어 다시 찾아오고 싶고, 오래 머물고 싶은 도시로 주목받을 수 있을 것이다.

은행나무를 심자

몇 년쯤 춘천에 살아본 사람이라면 춘천을 관광입지가 꽤 좋은 도시로 말하곤 한다. 밤새 계엄군처럼 쳐들어와 이 도시를 장악하는 안개 때문에 진저리쳐 본 사람이거나 달빛 내린 의암호반에 낚싯대를 걸어놓고 밤을 새워본 사람이라면 춘천을 인상적인 도시로 떠올려 한껏 부풀리기를 좋아한다.

평론가이며 춘천교대에서 얼마 동안 몸담고 있던 그분은 나름대로 춘천을 식민지시대의 북간도쯤으로 생각하는데 가끔 춘천을 찾아와 의미있는 말씀을 한마디씩 던지곤 한다.

"호반도시 춘천을 진짜 관광도시로 가꾸자면 우선 의암호반 주위에다 돈이 덜 드는 꽃나무부터 잔뜩 심어야 한다. 춘천을 명품도시로 만들자면 말이다."

농담삼아 툭 내던진 그분의 말을 실감한 것은 지난해 가을 조일마라톤이 열린 의암호반, 환상의 마라톤 코스에서였다. 신기록을 내기에 따악 좋은 날씨가 될 것이란 예보와는 달리 강바람이 거세었다. 15km 통과지점에서 선두그룹을 만났고 그들의 힘겨운 질주를 바라보며 느낀 것은 방풍림이었다. 서면의 허허벌판이 그대로 알몸을 드러내기 시작한 강변을 선수들은 헐떡이며 뛰어갔다. 강변으로 이어진 마라톤코스에 가로수가 늘어서 있었더라면 바람의 저항을 덜 받을 수 있지 않았을까. 문득 그분의 꽃나무타령이 떠올라 씁쓸히 웃었다. 춘천을 자연경관을 살리고 문화예술의 도시로 가꾸어 나가기 위해서는 우선 나무를 와장창 심는 일이라고 열을 올리던 그분의 말을 나는 대수롭지 않게 들었던 것이다.

춘천의 이미지를 관광화하고 짭짤하게 수입을 올리기 위해서 인형극제나 마임축제 가지고는 어림도 없을 터이고 막국수나 닭갈비 따위 먹거리 축제는 접근성이 떨어지고 특성이 약하다는 취약점을 가지고 있다. 전국 단위 큰 문화행사로 승화시켜 지역의 특성과 수익을 올리려면 김유정 같은 소재를 대표상품으로 개발하는 것이 효과적이다. 김유정역과 그의 소설들을 문화관광 상품으로 개발하자면 시내에서 김유정역에 이르는 지방도에 노란 동백이 피는 생강나무를 심어야 어울릴 것이고 공지천 주변과 마라톤 코스로 개발된 의암호반 도로에 춘천의 기후와 토질, 계절에 맞는 나무를 선택해야 될 것이다. 다른 관광상품을 개발하는 것보다는 나무를 심어 춘천의 이미지를 개선하는 일이 적은 돈 들여 춘천을 반짝 뜨게 할 사업이라고 한다. 춘천을 경쟁력있는 도시로 만들자면 호수와 어우러지는 관광조림이 가장 효과적일 것이라고 전문가들은 말한다.

진해의 군항제 하면 먼저 떠오르는 것이 벚꽃이다. 군항제가 뭔지는 몰라도 벚꽃놀이로 인산인해를 이룬 시가지가 연상되어 봄철이면 한번쯤 몸살을 앓는 사람들이 많다. 벚꽃놀이 임시열차가 당일치기로 운행되기 때문이다. 순천에서 단양으로 이어지는 도로에 메타세콰이어 가로수는 또 얼마나 신선한가. 무더위가 극성을 부릴 때 승용차를 몰고 달려본 사람들은 말한다. 꼭 외국에 온 것 같다고. 선운사 절집 뒤의 빨간 동백나무 숲을 연상하다 보면 거제도나 보길도 동백나무 자생단지 사이로 펼쳐지는 남해의 푸른 바다가 넘실댈 터이다.

봄 한철 전국의 행락객을 진해나 고창 쪽으로 집결시키고 있다면 가을 한철 전국의 젊은이들을 춘천으로 유인할만한 상품은 무엇일까. 단풍나무도 좋고 은행나무도 좋다.

한 구절 불타는 시심을 끌어안고 춘천을 찾았던 젊은이들을 첫눈이 내려 온통 하얗게 마음이 비워질 때까지 춘천에서 물들었던 노란색 혹은 붉은색으로 한동안 가슴앓이를 하게 만들었으면 좋겠다.

십여 년 전부터 춘천은 가로수를 은행나무로 바꾸어 성과를 거두고 있다. 강릉은 감나무로 분주하다. 벚나무 하나로 관광상품을 정착시킨 진해처럼 춘천을 나무도시로 가꾸려면 토양과 기후에 맞는 수종을 선택하는 일인데 이미 은행나무가 성과를 거두었으니 수종 선택에는 문제가 없다. 남은 것은 의욕을 가지고 심는 일이다.

가을이면 고색창연하게 몸 단장을 한 도시, 춘천을 상상해 본다. 마라톤 코스로 유명한 의암 호반 40여 키로와 춘천의 관문인 강촌에서부터 춘천댐과 소양댐에 이르기까지 단풍나무와 은행나무가 어어러진 나무도시를 만들어보면 장관일 것이다.

단일 수종을 가지고 도시공원으로 성공한 오스트리아 수도 빈의 '폴크스가르텐' 장미공원이나 옛 궁전을 개조한 네덜란드 암스테르담의 '큐켄호프' 튤립공원, 도심지 안에 낙엽수를 심어 관광명소를 만든 파리 '튀플리' 공원의 만추는 환상적이다. 아니, 동백나무 하나로 답사객을 유인하는 여수 앞바다의 오동도, 정다산 유배지로 유명한 강진 땅 백련사 입구의 동백나무 가로수는 어쩌다 한번 찾은 사람들을 평생 잊지 못하게 만든다.

춘천시는 매년 봄에 도민 1인당 나무 8그루 심기운동을 벌이고 있다. 식목철에 여러 가지 나무를 심는 것도 좋지만 도시 이미지 개선과 함께 빼어난 호반 경관을 살리는 계획조림도 진지하게 생각해 볼 일이다.

가을 한철 관광열차 타고 은행나무나 단풍나무 즐기러 춘천을 찾게 '미래의 숲'을 조성했으면 좋겠다.

붕어섬에는 붕어가 산다

우리 시대의 명제는 공존이다. 흑인과 백인이 함께 어울려야 하고 기독교와 이슬람교가 상대방을 서로 인정해 주어야 한다. 과거를 속히 청산하고 일본과 한국이 공생의 과제를 실현해야 세계 평화는 유지될 터이다.

인간과 자연도 공존의 관계를 유지해야 보다 건강하고 풍요로운 삶을 유지할 수 있다. 지렁이가 살아야 호박이 넉넉하게 꽃을 피우고 가지가 좋은 열매를 맺는다. 인간은 호박과 가지를 따먹고 살찌우며 내놓은 배설물로 땅을 기름지게 한다. 그러므로 인간과 자연은 공존해야 한다.

붕어섬은 한때 생태계가 파괴되어 동식물이 살 수 없는 상황에 다다른 적이 있었다. 의암댐으로 생긴 붕어섬은 그런대로 생태환경이 유지되어 왔었다. 그러던 어느날 강원도는 삼악산을 연결하는 케이블카를 설치하겠다는 명목으로 붕어섬 주위에 방축을 쌓기 시작했다. 반대에 부딪쳐 케이블카 설치는 무산되었지만 공사를 마쳤을 때 붕어섬은 그야말로 사막처럼 초토화된 땅이 되고 말았다. 인간의 손이 닿으면 어김없이 자연은 황폐화될 수밖에 없다는 사실을 여실히 보여준 산물이었다.

그로부터 정확히 10년이란 세월이 지났다. 춘천환경운동연합 대원들은 북한강의 수질과 생태를 조사하기 위해 인제 합강에서 서울의 천호대교에 이르는 강줄기를 훑어보는 탐사활동을 전개했다. 필자는 그때 고무보트를 타고 붕어섬에 들어가 동식물들의 서식생태를 관찰할 기회를 가졌었다. 고라니와 너구리가 산다고 했다. 전문가들은 붕어섬을 조사해 본 결과 대충 140여 종의 생물들이 생존하고 있다고 보고했다.

고라니가 어떻게 섬에 상륙했을까를 가지고 논쟁을 벌였다. 대바지강이 꽁꽁 언 어느 겨울, 고라니 남매가 먹이를 구하러 붕어섬을 도강했을 것이라고 입을 모았다. 너구리와 오소리도 같은 과정을 거쳐 섬에 들어가 보금자리를 틀고 식구를 불려나갔을 것이다. 2003년의 일이었다. 그렇게 붕어섬은 회생되고 있었다.

우리들은 이쯤에서 결론을 하나 내릴 필요가 있다. 공존이란 그냥 제멋대로 살게 놔두면 된다는 사실을. 쓸데없이 간섭하고 돕는다는 것이 남을 해치고 생명을 위협하게 되는 일은 인간과 자연만의 관계가 아니다. 미국이 국제경찰이랍시고 쓸데없이 중동지역을 간섭하니까 전쟁이 벌어지고 고귀한 생명이 희생되는 관계도 마찬가지다. 자연은 그대로 놔두면 그 끈질긴 자생력을 발휘하여 때가 되면 애벌레가 성충이 되어 알을 낳고, 비바람에 곧 쓰러질 것 같았던 줄기에서 꽃이 피고 열매를 맺게 된다. 이것은 엄연한 자연의 섭리이다.

이제 붕어섬에는 붕어가 산다. 붕어만이 아니다. 피라미와 모래무지가 붕어섬 수초에 알을 낳고 식구를 늘려가고 있다. 수수와 메밀이 키재기를 하고 개망초와 쪼록싸리가 꽃을 피우고 있다.

햇빛에너지를 전기로 바꾸는 사업은 매우 탁월한 착상이다. 그러나 부가가치가 높은 붕어섬만은 재고되어야 한다. 태양광발전단지가 들어서게 되면 돈벌이야 좀 되겠지만 그 동안 복원되던 생태계가 파괴될 것이 분명하다. 인간의 발길이 닿으면 멀쩡하던 물가도 낚시꾼이 버린 쓰레기로 몸살을 앓게 되고 양수댐 공사로 천연수림을 자랑하던 진동 계곡도 피서객이 들어오면서 생물 다양성에 변화가 오는 현장을 우리는 지켜보지 않았던가.

지금 춘천에서는 태양광발전단지를 유치하려는 강원도와 부지 선정을 바꾸라는 환경론자들이 붕어섬 개발을 놓고 한창 줄다리기를 하고 있다. 개발을 위해 시간적 여유를 가지고 충분한 협의 과정을 거치지 않았기 때문에 소모적 논란이 거듭되고 있다.

생태계 보존을 위해 붕어섬을 그대로 놔두면 더욱 좋겠지만 아까운 땅을 그대로 방치하는 것도 현실에 맞지 않을 터이다.

향후 붕어섬의 난개발을 막기 위해서라도 협의체 구성이 필요하다. 생태계도 보존하며 경제성과 관광가치를 살리는 3합의 환경친화적 개발이 이루어질 때 붕어섬은 공존의 가치를 높일 것이다.

춘천에도 치외법권 지역이 있다

큼직한 행사가 벌어질 때마다 불법광고물을 단속하는 건축과 지도계는 골머리를 앓는다. 조례 규정에는 어떠한 광고물도 지정된 장소 이외에 부착하는 행위를 용납하지 않게 되어 있지만 상부로부터 압력이 들어오거나 전화로 청탁이 들어오면 거절할 수 없는 난처한 입장이 자주 발생하기 때문이다. 관심 있는 시민들이라면 로터리 부근과 주요건물 앞의 도로를 가로질러 걸린 현수막의 주최 측이나 주관부서를 알면 이내 수긍이 갈 것이다. 강원도가 벌이는 각종 행사와 시가 직접 관장하는 행사가 그렇고 그 외 출마자의 기부금 행위 단속을 계도하는 선관위, 불법 총기류 자진신고 기간을 알리는 검찰청, 우리은행 농구단의 경기 일정, 언론사들의 이름으로 벌이는 축제 따위 선전물들이 위풍당당하게 단속에 걸리지 않고 며칠씩 부착되는 진풍경을 발견하게 된다.

봄부터 평창 동계올림픽 유치를 기원하는 홍보물을 필두로 가을에는 시내 곳곳에 레저총회와 경기를 유치하게 되었다는 내용의 현수막이 내걸리고 이어서 혁신도시 유치에 총력을 기울이자는 홍보물이 뒤섞이며 수부도시 춘천은 그야말로 광고물 전성시대를 맞았다. 보다 못했던지 어느 방송사는 고발성 기사를 내보내기에 이르렀고, 축제를 알리는 현수막을 전망 좋은 곳에 내걸었다가 단속반에 걸려 철거당했던 경험이 한두 번씩 있는 시민단체나 문화예술단체들도 이대로 광고물을 방치했다가는 정말 도시의 미관을 해치겠다고 자성하는 목소리를 내게 되었다.

시 조례규정에 의하면 광고성 현수막을 게시하려면 위임받은 광고물협회에 사전 허가를 받아 지정된 게첨대에 부착하도록 명시되어 있다. 지정된 게첨대에 부착하지 않았을 경우 단속반이 발견 즉시 철거하도록 되어있는데도 불구하고 상기 예시한 각종 홍보물들은 당국의 단속이 미치지 못하고 있다. 시의 발전을 가속화시키느냐 마느냐 하는 기로에 놓인 선전물인데 잠시 규정을 어긴들 누가 뭐라 하겠느냐, 하는 태도로 이해할 수밖에 없었다.

필자가 건축과에 질책하듯 은근히 물었다. 담당자는 이내 낌새를 알아채고 오늘부터 레저총회유치 확정과 혁신도시 관련 현수막 모두 철거하는 작업에 들어갔다고 대답했다. 실무자가 밝힌 대답과는 달리 그 다음 날 시내 곳곳에는 또 다른 내용의 홍보물이 바람에 펄럭이고 있었다. 그 이튿날은 또 시민궐기대회를 알리는 현수막이 만장처럼 내걸렸다.

이것은 광고물부착 조례규정을 무시한 반칙행위이다. 시 당국은 앞으로 마임축제나 김유정문학제, 봄내예술제 같은 각종 축제를 알리는 홍보물 처리를 어떻게 하려고 이대로 방치하는가. 그때 가서 무어라고 둘러댈 것인가. 원칙이 무너지면 신뢰가 무너진다는 사실을 당국은 명심해야 할 것이다.

적십자사 강원지사 앞에서 공영빌딩에 이르는 이른바 도청 앞거리는 1년 삼백육십오일 늘 현수막이 축제처럼 걸려 있다. 이를 두고 시민들은 춘천에도 치외법권 지역이 있다고 빈정댄다. 광고물에 있어서 춘천의 바티칸시국이 바로 도청 앞이다. 이래도 시 당국은 불법광고물을 철저하게 지도 단속했다고 말하겠는가.

문화예술계에 종사하는 사람들은 광고물 부착 때문에 한두 번 정도 건축과와 입씨름을 해 본 경험을 가지고 있다. 그때마다 행사를 주관하는 사람들은 주문했다. 춘천시가 육성하는 몇 가지 축제에 한해서는 예외사항을 두어 지정된 게첨대 이외의 지역에 현수막을 걸게 해 달라고 애원했었다. 그러나 지금은 입장이 매우 달라졌다. 무질서하게 내걸리는 현수막을 바라보며 주문했던 예외사항을 취소한다. 너도나도 행사를 알리는 현수막을 내걸다 보면 시가지는 그야말로 모자이크한 도시가 될 터이니까 말이다.

이제 행사는 끝났다. 바라건대 불법광고물을 단속하는 실무자들은 속히 광고물을 모두 내리고 그 자리에 규칙과 규정에 맞는 행정을 베풀겠다는 현수막 한 장 걸었으면 좋겠다.

세월은 가도 입맛은 남는 법

십여 년 전 용정을 찾았을 때는 '평양랭면' 이란 붉은 글씨 간판이 눈에 잘 띄었는데 그새 시가지가 잘 정비된 때문일까, 쉽게 냉면집을 찾을 수가 없었다. 우리를 안내하는 유 선생에게 부탁했다. 그는 조선족 동료에게 전화로 문의해 용정에서 아주 잘한다는 냉면집으로 우리 일행을 안내했다. 이제 진짜 냉면맛을 보겠구나, 기대하며 갈증을 달랬다.

냉면 그릇을 받아든 일행들이 괴성을 질렀다. 소세지와 게맛살이 고물로 얹혀 나왔던 것이다. 그게 용정의 평양냉면이었다. 두만강 건너 중국땅에서 냉면을 만들다보니 꿩 국물 우려낸 육수에다 겨자 치고 식초 곁들여 훌훌 들이키듯 먹는 냉면맛이 실종될 수밖에 없었을 것이란 생각을 했다. 버스에 올라 소화제를 먹다 말고 나는 강원도 막국수맛도 세월이 좀 지나면 나이든 사람들은 용정 냉면처럼 무슨 맛인지 모르고 먹겠구나 싶었다.

막국수나 냉면의 주재료가 메밀이란 점은 잘 알고 있는데 메밀을 얼마나 넣고 반죽을 하느냐에 대해 많은 사람들은 궁금하게 생각한다. 면발의 색깔에 대해서도 물어본다. 냉면은 메밀과 전분을 4:6으로 섞었을 때 가장 맛이 뛰어나고 막국수는 7:3의 비율일 때 탁월한 맛을 낸다고 한다. 막국수 명품화 사업의 일환으로 춘천막국수협의회와 다년간 메밀을 연구해온 강원대 함승시 박사팀이 공동으로 실험한 결과 메밀의 함량을 7로 했을 때 가장 훌륭한 맛을 낸다는 결과를 얻었다. 그러나 날이 갈수록 공급량이 달리는 등 여러 문제점을 감안해 메밀대 전분(혹은 밀가루)의 함량을 6:4로 조정해 발표했다고 김진호 협의회장은 그간의 고충을 털어놓았다.

메밀의 함량이 높을수록 면발이 흰색을 띤다고 했다. 색깔이 짙을수록 보리껍질이나 메밀껍질을 볶아 넣어 구수한 맛을 내고 있다고 지적했다. 생산량이 달리다 보니 업소마다 함량을 속이는 일이 일상화되었을 터이다. 그래서 막국수의 맛을 온전하게 지켜나가기 위해서는 어떠한 경우에도 메밀 함량을 지킨 업소에게 막국수맛 인증제를 부여하는 장치를 마련해야 한다고 충고한다. 아무튼 메밀의 함량을 적정 수준인 6을 유지하기 위한 선결 과제는 메밀 생산량의 확보에 있다.

춘천도시농업센타 이천식 대표는 춘천의 막국수는 춘천에서 생산되는 메밀로 만들어야 향토음식으로 그 명성을 오래도록 유지할 수 있다고 주장한다. 이 대표에게 들은 터수가 있어 자급율이 얼마냐고 물었다. 잠시 망설이더니 10프로 정도밖에 안 된다고 말했다. 듣던 대로 부족량은 중국산 수입 메밀로 충당하고 있는 실정이었다. 춘천의 전통 막국수가 90프로에 가까운 중국산 메밀로 빚어지고 있다니. 막국수를 찾는 외지인들이 알면 큰 문제가 생길 것 같다고 우려하자 막국수 좋아하는 사람들은 다 알고 있는 사실이지만 90프로에 이른다면 좀 놀랄 것이라고 했다.

경춘선 복선전철 개통 이후 막국수집이 급격하게 늘어나면서 막국수맛이 하향 평준화되었다는 지적이 많았다. 메밀 공급가격은 높은데다 그릇 당 막국수 값은 묶어놓은 상태이니 메밀 함량을 줄이고 전분이나 밀가루를 더 섞어 넣는 사태가 발생했을 것이다.

문제는 역시 메밀 생산량이 달려 원하는 대로 공급이 이루어지지 못하기 때문인데 자급율을 50프로대로 끌어올리려면 40톤에서 50톤 정도는 더 생산해야 된다고 말한다. 춘천의 경우 매년 시에서 5톤씩 메밀 종자를 지원받아 북산면이나 동산면, 중도에다 심고 중복에서 말복 사이 거둬들이고 있는데 안정된 생산량을 확보하기 위해서는 파종에서 수확까지 자동화 설비를 갖춰야 한다고 지적한다. 평창이나 여주, 제주도는 이미 클라스콤바인이라는 장비를 갖춰 수확기에 품을 줄이고 일의 능률을 올려 메밀 확보에 힘쓰고 있는데 막상 막국수의 고장 춘천이라는 곳은 아직도 수작업으로 메밀을 수확하고 있다. 이러다가 정말 춘천 막국수가 어느 날 갑자기 실종되는 것은 아닌가 걱정스럽다. 중국산 수입 메밀에 의존하는 방법도 어느 땐가는 매우 어려워질 것이란 우려가 나오고 있기 때문이다.

물은 흘러 문화가 되나니

도심을 관통하는 개울에 물고기가 유영하고 있었다. 경유 냄새와 함께 악취가 확 끼쳐올 판인데 아무리 코를 벌름거려 보아도 풀 냄새만 맡아졌다. 그 개울의 합수 지점에 그물을 쳐놓았다. 살펴보니 치어들은 무사통과하고 덩치 큰놈들만 나그네의 눈길을 잡고 있었다. 춘천시와 자매 결연을 맺고 있는 일본 야마구찌현의 작은 도시, 호후시의 개울 풍경이었다. 강원도와 자매 관계를 맺고 있는 돗토리현 구라요시의 도심을 흐르는 개울물도 마찬가지였다. 문득 3급수밖에 안되는 춘천의 공지천이 떠올라 우울해졌던 기억이 되살아났다.

그들은 바다 건너 온 낯선 방문자들에게 호텔 화장실에 있는 수돗물을 그냥 마시라고 한다. 중국처럼 따로 주전자에 찻물을 준비해 두거나 한국처럼 생수를 냉장고에 넣어두는 것이 아니라 수도꼭지를 틀어 그냥 마셔도 된다며 은근히 목소리를 높이는 것이었다. 일본을 안내하는 길라잡이가 말했다.

"일본 어디로 여행을 가든지 호텔 종업원에게 팁을 주지 않아도 되고 수돗물을 안심하고 마셔도 된다는 이 두 가지가 일본인들의 자존심이랍니다."

일본인들의 자존심이 어디 이 두 가지에 국한될까마는 환경이나 관광 문제를 질문하다 보면 영락없이 튀어나오는 화제가 팁과 수돗물이다.

지난 7월 말, 전국문학관협회 주선으로 동경을 다녀올 기회가 있었다. 중국이나 일본을 여행할 때마다 방문 목적 외에 따로 챙기는 것은 환경문제였다.

우리 일행이 묵은 곳은 동경도의 신도시, 동경만으로 흘러가는 강을 옆에 두고 있는 신쥬쿠였다. 하천 양안을 도시형 운하로 개발하여 배가 다니고 있었다. 인구 10만 명을 웃도는 호후나 구라요시니까 물관리가 용이하겠지, 하고 조금 비하해서 생각했었는데 정작 동경에 와서 물 냄새를 맡고 보니 일본은 역시, 하고 감탄사가 튀어나왔다. 철저하게 하천을 관리하는 모습에서 일본의 선진 환경을 읽을 수 있었다.

강물의 빛깔은 검은색을 띄고 있었지만 석유냄새가 난다든지 속을 뒤집듯 악취가 풍기는 공지천과는 너무나 거리가 멀었다. 다리 아래를 살펴보니 물고기가 떼를 지어 놀고 있었다. 물풀도 보였다.

귀국하는 날 오전 45층 동경도청사 전망대에 올랐다. 시가지를 내려다보다가 매점 옆 홍보용 책자 좌판대에서 동경도 수도

국 발행의 「도쿄 워터뉴스」 지 7월호를 뽑아들었다. 안전한 수돗물 관리와 빗물, 중수도 문제를 특집으로 싣고 있었다.

그랬다. 일본은 이미 오래 전부터 중수도 시설을 갖추고 있었다. 우리네처럼 상수돗물을 한번 쓰고 하수도관을 통해 하천으로 혹은 하수처리장으로 버리는 것이 아니라 한번 사용한 수돗물을 간단하게 거른 다음 세탁용수나 화장실 세척용수, 조경용수로 다시 쓰고 하수도관을 통해 처리장으로 나간다는 사실을 알았다. 이미 빗물을 자원화하기 위한 첫 단계 사업으로 가정마다 빗물을 모아 허드렛물을 사용하는 재활용 시설을 갖추고 있다고 했다. 전자 통신산업은 한국이 일본을 10년 가깝게 따라잡고 있다지만 환경 문화산업은 아직도 30 년 뒤졌다는 길라잡이의 말은 적절하다고 생각했다.

우리나라도 대형 매장이나 콘도, 여객터미널, 공항, 항만시설, 교도소 같은 건물에는 이미 중수도 시설을 의무화했고, 월드컵 경기장을 비롯해 객석 1천4백 석 이상의 체육시설과 대규모 신축 건물에 대해 빗물을 중수도처럼 활용하는 시설을 반드시 설치해야 하는 의무규정을 마련해 놓고 있다. 그러나 일본처럼 각 가정마다 빗물의 재활용과 중수도 시설을 갖추려면 한창 멀었다는 생각을 했다. 환경문제를 일본처럼 따라잡으려면 몇 년이나 걸릴까. 특히 물 관리는 그 나라의 문화수준이라 말하지 않던가.

건강은 건강할 때 지키라는 말이 있다. 춘천처럼 물이 넉넉한 지방이 물부족을 느끼지 않을 때 물을 절약하고 자원화하는 정책과 제도를 마련하여 이를 실행에 옮긴다면 장차 인구 80억 명에 이르는 2025년을 전후해 물부족으로 인한 재앙에서 벗어날 수 있을 것이란 조심스런 판단을 해본다.

우선 병의원이나 관공서, 매장, 숙박시설, 학교, 군부대 같이 비교적 많은 사람들이 사용하는 건물부터 빗물을 재활용하고 중수도 시설을 설치하는 법규를 마련해 조속히 이행하고 점차 가정에까지 확대할 수 있는 기반을 만들어야 일본을 따라잡든 물가뭄에 대비할 것이 아닌가. 그것을 수부도시 춘천이 먼저 서두르면 어떨까 생각해 본다.

서두들 게 따로 있다. 재원이 없다고 등을 돌릴 일도 아니다. 교통량도 그리 많지 않고 바쁠 것도 없는데 산을 뭉개고 절대 농지를 가로질러 도로를 개설하고 교량을 놓는 비용이면 주요 시설의 중수도 설치가 가능하지 않겠는가.

지금도 계속 작업 중에 있지만 낡은 상수도관을 속히 교체해야 한다. 상수도원이나 양수장은 전국에서 제일 깨끗한데 수도관이 낡아서 이물질이 검출된다고 법석을 떠니 시민들은 수돗물을 믿지 못한다. 상수도관을 반영구적인 자재로 모두 교체하게 된다면 이물질이 나오지 않아 수돗물에 대한 신뢰도가 높아질 것이고 누수율을 잡게 되어 그만큼 물을 아끼게 되는 결과를 가져오게 될 것이다.

재정을 확보하여 중수도 시설을 가정마다 아니, 최소한 아파트단지 별로 설치하게 된다면 그 또한 춘천의 환경문화상품으로 전국의 이목을 끌 것이며 일본인들이 내세우는 것처럼 춘천의 자존심이 될 것이다.

환경 문제와 상품 가치

2005년 10월1일 개장 이후 청계천을 찾은 사람은 얼추 3천만 명이 넘었다고 한다. 우리나라 사람 10명 중 7명이 다녀간 셈이다. 청계천 복원 공사를 성공적으로 추진한 이명박 전 서울시장은 그 바람에 대권 유력 주자로 급부상했다.

복원 공사가 성공적으로 마무리되자 청계천 복원 방식이 전국적으로 확산되고 하천 복개를 전면 금지하라는 법령까지 만들어졌다. 심지어는 서울을 방문한 미국 LA 시장은 청계천 방식의 하천복원에 대해 기술협약을 맺기에 이르렀다.

청계천 개장 이후의 긍정적인 변화는 우선 먼저 교통량 감소를 든다. 이산화질소 발생 수치도 함께 감소되었다. 미세 먼지의 감소, 청계천 생물종의 변화도 눈에 띠게 달라졌다. 경제인들은 청계천 복원의 친환경적 효과보다 청계천변 토지거래 건수의 급증에 놀라고 있다. 전하는 말에 의하면 청계천에서 100미터 떨어질 때마다 평당 아파트 값이 35만8천 원씩 하락하고 있다고 한다. 세운상가를 철거하고 시민공원을 조성한다는 발표가 나오자 부근 지가가 천정부지로 상승했다고 한다. 그만큼 서울 시민들의 녹지공간에 대한 친환경적, 문화적 욕구가 높다는 증거이다.

우리는 이쯤에서 환경 프로그램을 아파트 단지나 신도시 건설, 공공건물 신축 등에 적용한다면 엄청난 상품 가치를 창출할 수 있다는 결과를 확인하게 된다. 청계천 말고 그 사례는 아파트 건축 당시 자연 하천을 활용해 자연관찰 체험코스 등 단지 내에 친환경적인 휴식 공간을 조성해 자연과 인간을 먼저 생각한 아이디어를 제시한 부산 해운대구의 명품 아파트에서 찾아 볼 수 있다.

각종 유락시설과 동물원, 장미공원 등 대규모 관람시설을 갖추고 하루에도 몇 만 명씩 관람인원을 수용하고 있는 용인 에버랜드의 마지막 관람코스는 거대한 정화시설이다. 동물들과 축사의 청소용수, 직원들이 입는 단체복 세탁용수, 화장실 세척용수 등 엄청난 양의 상수도를 사용하고 있지만 최대한 재활용해보자는 이미지를 살린 중수도 시설인 자체 정화시설이 수학여행과 단체 관람객들에게 훌륭한 견학 코스가 되고 있다는 점도 그냥 간과할 수 없다.

춘천 중도관광지나 수렵장, 휴양림 운영, 원주 무실아파트 공사 등 현재 강원개발공사가 벌이고 있는 사업 가운데 공기업의 자존심을 걸고 핵심사업으로 추진하고자 하는 사업은 대관령

알펜시아 리조트 조성사업과 춘천 G5프로젝트로 압축할 수 있다. 혁신도시 관계로 상실감이 그 어느 때보다 큰 춘천시민들의 자존심을 회복시켜 줄 것으로 기대되는 G5명품도시건설 계획이나 2014 동계올림픽이 열릴 평창에 세계인들을 감동시킬 꿈의 리조트 알펜시아 조성사업도 청계천 복원 같은 환경프로그램을 개발해 적용한다면 공사 자체의 경쟁력과 함께 엄청난 부가가치를 창출할 것이기 때문이다.

하천을 잘 활용하여 유럽인들에게 가장 아름다운 도시로 손꼽히게 만든 운하도시 브뤼지(브뤼셀에서 조금 떨어진 도시에 있음)라든지, 피터 대제 때 물을 소재로 다양한 모양의 분수도시를 만든 상트페테르브르크의 여름 궁전 같은 명품도시를 먼저 생각할 필요가 있다. 유럽의 정원처럼 클래식정원을 조성하여 사람들의 이목을 집중시킨다든지 빗물을 활용하거나 중수도 시설을 설치하여 미래지향적 에너지 절약 프로그램을 제시해 보는 것도 새로운 발상이다.

북의 핵공격에 대비해 단지 내 지하에 쾌적한 대피 공간을 마련해 둔다면 신개념 아파트가 될 것이다. 생명과 환경을 먼저 생각하면서 무모하고 엉뚱하리만치 기발한 착상이야말로 최대의 경쟁력이 될 터이다.

47년 동안 콘크리트 옹벽에 갇혀 썩어문드러지던 청계천을 복원해보자는 계획이 나왔을 때, 그 분야 전문가와 학자들로 구성된 실무진들은 수없이 많은 시행착오를 거듭한 끝에 오늘의 명품 청계천이 완성되었을 것임에 분명하다. 그럼에도 불구하고 복원된 청계천은 반환경적이고 비효율적이라는 지적을 받고 있다는 점에 우리는 주목해야 한다.

하루 12만 톤의 물을 5키로미터 이동시킨다는 지속가능하지 않은 물 공급 방식이 그 첫째 이유이다. 물을 한강까지 이동시키는데 드는 전력량이 연간 11만 킬로와트, 4456가구가 연간 사용하는 전기 소비량이 청계천에서 소모되고 있다는 충격적인 보고이다.

하천이 가지고 있는 연속성이 단절된 점도 지적 대상이다. 청계천의 발원지인 백운동천이나 중학천은 아직 복원이 되지 않은 상태이므로 환경운동가들은 청계천 복원이 반쪽짜리라고 입을 모은다. 복원된 청계천에서 몇 차례 어류 집단폐사 사건이 발생했다. 초기우수 및 월류수(도로의 오염된 이물질을 함유한 빗물과 하수도에서 나온 역류수)가 청계천으로 유입되면서 많은 양의 물고기들이 떼죽음을 당하는 사건이 벌어졌다. 그리하여 하천 주변의 오물을 수거하고 고압 살수기로 대청소를 하는 해프닝을 벌이기도 했다.

내로라는 전문가들로 구성된 실무진들이 참여하여 치밀하게 설계하고 시공한 청계천 복원공사인데도 반환경적인 요소가 계속 지적되고 있다는 점을 타산지석으로 삼아 강원개발공사는 생명과 환경을 먼저 생각하면서 명품을 만드는 공기업으로 성장하려는 노력을 기울일 때 강원도 대표기업으로 이미지를 확보할 것이다.

마지막으로 공사의 이미지 쇄신과 함께 경쟁력을 갖추기 위해서는 혁신브랜드를 개발할 필요가 있지 않나 조심스럽게 건의한다. 강원개발공사 하면 "무엇" 이라고 연상되는 기업 이미지가 시급하다. "강개발" 이라는 축약어는 오히려 이미지를 반감시키는 효과를 가져 올 수 있다. "강원도를 아름답게, 고객을 행복하게" 는 서술형 컨셉일 터이고, 조달청의 "나라장터" 법무부의 "KISS" 산림청의 "숲에온(ON)" 수자원공사의 "물사랑" 같은 타기업의 브랜드를 참고하여 강원개발공사의 기치가 한 구절로 살아나는 브랜드명을 개발한다면 도민들은 더욱 친숙한 기업으로 인식하게 될 것이다.

북한강 살리기

지난 해 소양강 탁수 발생에 이어 금년에도 북한 지역의 폭우로 북한강이 흙탕물로 범벅이 되었다. 호반의 도시 춘천은 이제 탁수의 도시로 전락했다. 경관을 자랑하며 관광객들을 맞이하던 상인들은 몸살을 앓았고 장기간 탁수로 인해 수돗물 공급에 위협받는 주민들은 짜증을 냈다. 행정당국은 뜻밖의 일이라 탁수 저감 대책을 마련하느라 동분서주했다.

북한강에 이제 산 좋고 물 맑은 시절이 없다. 상류지역의 토사 유입 등 비점오염원에 의해 수질이 날로 악화되어 가고 있다. 북한의 인남댐 건설로 북한강으로 흘러드는 수량이 급격하게 감소되어 상류지역 소하천은 봄철에 갈수현상마저 나타나고 있다. 여름철에는 녹조도 발생해 상수도원을 위협하고 있다. 게다가 수질오염총량관리제라는 매우 애매한 물관리 정책이 발표되면서 중류지역의 개발 압박이 가중되고 있다. 강원도는 드디어 총체적 위기의식을 느끼기에 이르렀다.

다행스럽게도 강원도는 '북한강생명포럼' 등 시민단체와 함께 '북한강 살가지(살리고, 가꾸고, 지키기)운동' 추진계획을 마련하고 토론회에 이어 지역방송망을 통해 북한강을 생명력 넘치는 하천으로 되살리기 위한 테마별 릴레이 좌담회에 들어갔다. 인간과 자연, 상류지역과 하류지역이 공존하는 북한강 살가지 운동은 곧 발원지에서 하구까지 한강을 살리는 목표로 강원도가 발전시키고 있어 주목된다. 이에 필자는 몇 가지 기대와 함께 부연함으로써 강원도가 야심차게 펼치고 있는 살가지 운동에 보탬이 되고자 한다.

강원도는 우선 북한강 수계에 평화의 댐을 비롯해 춘천댐, 소양강댐 등 여섯 개의 댐이 물길을 막아 거대한 인공호수를 만들고 있다는 점을 고려해야 할 것이다. 댐으로 만들어진 인공호수는 생태계는 물론 오랫동안 어종의 다양성과 개체수를 고정시키는 역할을 해 왔고, 수질의 자정능력을 감퇴시키는 결과를 초래하는 등 하천으로서의 기능을 상실한 모습으로 흐르고 있다. 최소한 전남의 장흥댐처럼 강의 기능을 회복시키기 위한 대책과 연구가 선행되어야 '살리기'에 들어갈 것이다.

수생태가 살아 숨 쉬는 강을 만들겠다고 한다. 수질개선과 수량관리를 위해 자연형 하천을 복원하고 수변 생태벨트를 조성해나갈 포부를 밝히고 있다. 무엇보다 상류지역부터 개선해나가겠다는 계획은 하천 살리기의 근간이므로 크게 기대할 만하다. 이쯤에서 필자는 시군 별로 특성화된 하천 한 가지 만들기를 제안한다.

춘천시는 이미 시민들의 허파 노릇을 하는 공지천을 자연형 하천으로 복원해 나가는 계획을 발표했다, 공지천 상류에 갯버들과 갈대 같은 정화식물을 심고 습지를 조성하겠다는 내용이다. 그 부근에 갈수기를 대비하고 자정능력을 향상시키기 위한 수량 확보 차원에서 유수지를 만들겠다고 했다. 공지천이 그렇게 복원되어 물고기들이 자유롭게 찾아와 산란하고 새들이 날아와 알을 낳고, 그리하여 시민들의 휴식 공간이 된다면 청계천처럼 높은 명성을 얻을 것 아닌가. 청계천이 완성품은 아니지만 도심 한복판에 과감하게 자연형 하천으로 접근을 시도했다는 점에서 높이 평가받는 것처럼 북한강 유역의 시군들이 소하천 하나씩 명품화된 하천, 생태계가 살아 숨 쉬는 하천 하나 가꾸기를 시도해 보는 것도 좋겠다.

시군별로 소하천 가꾸기와 함께 상류지역부터 철저하게 자정능력을 향상시킬 수 있는 수생식물이나 수변식물을 식재하는 계획도 필요할 것이다. 지역 주민들과 지역에 주둔하고 있는 군부대 장병들과 함께 갯버들이나 부들, 갈대 심기를 전개하는 방법도 있을 터이다.

아무리 잘 살리고 가꾼다 해도 방재능력이 미비하다면 하루아침에 공든 탑이 무너지는 사태가 발생할 것이다. 특히 북한강 유역의 도로는 구배가 심하고 도로 폭이 좁아 항상 사고위험을 내재하고 있다. 1년에도 몇 차례 유조차가 전복된다든지 준설선이 침몰되어 기름 유출사고가 끊이지 않고 있다. 물론 사고 때마다 군 공병부대라든지 해군구조대의 도움을 받기는 하나 신속한 출동이 어렵다. 따라서 주민들로 구성된 자율방재단이든지 행정 단위별로 유출 사고에 대비해 기동성을 갖춘 방재단을 조직하고 운영하는 계획도 마련해야 한다.

하천 개념에서 유역의 자연과 사람, 역사와 문화를 종합하는 생명문화 개념으로 하천 살기기에 접근하는 발상도 높이 평가될 만하다. 이미 하천을 끼고 시장이 생기고 도시가 만들어졌으며 문화를 교류해 온 우리의 역사가 있다. 하천은 그래서 도시의 미래라고 했다.

시군별로 물을 소재로 한 축제와 문화예술이 살아야 하천은 친수공간으로서 그 생명이 장구하게 유지될 터이다. 물을 테마로 발굴한 축제가 한 차원 높게 문화예술 형태로 승화될 때 비로소 강은 그 생명을 찬란하게 꽃 피울 것이다. 인구 3만 명을 웃도는 양구나 화천 같은 소도시에서 축제를 성공시킨 비결은 지도자의 탁월한 선택과 하천이 가지고 있는 특성을 잘 살린 때문이었다.

2년에 걸쳐 탁수가 발생한 북한강의 하천 생태가 어떻게 또 변화되고 있는지, 우리 춘천환경운동연합은 2004년 '북한강 대탐사' 에 이어 내년에도 생태탐사를 계획하고 있다. 탐사를 통해 얻어진 자료를 묶어 '북한강 살가지 운동' 에 이바지 할 때 강 살리기는 민간 주도인 '거버넌스 체제' 로 전환하는 계기를 마련할 터이다. 그것이 바로 강원도가 바라는 미래지향적 살가지 운동일 것이다.

청평골 사하촌

소양강다목적댐은 73년 10월 준공식과 함께 발전에 들어갔지만 담수는 1년 전인 72년 11월부터 시작해 74년에 여름 우기를 지나서야 목표 담수량에 도달했다.

소양호에 뱃길이 열린 것은 담수율이 어느 정도 확보된 74년 5월이었다. 소양강도선장에서 양구와 인제까지는 아직 담수량이 부족해 1년 뒤로 미루기로 했다. 춘성군이 비정기적으로 운항하던 춘성호를 동부그룹 소양강사업팀이 인수받아 정식으로 소양강선착장–청평골 간 취항한 것은 74년 5월 7일이었다고 현재 소양강도선장 운영을 맡고 있는 강원흥업 이정현 영업소장은 밝히고 있다. 그는 이어서 청평골 취항 이후 어느 정도 담수량이 확보된 75년 7월 16일 양구 석현리와 인제 부평리 간 정기 항로가 개설되어 오늘에 이르고 있다고 말했다(정기여객선 '동부' 취항에 이어 자기부상 쾌속정 '쾌룡' 호가 등장하여 설악산을 찾는 수많은 관광객들을 실어 날라 한때는 소양호 명물로 부각된 시절도 있었으나 양구, 인제간 육로 운송이 원활해지자 현재는 인제 부평리에 이어 양구 석현리 간 뱃길이 끊어진 상태임).

특히 춘천에서 청평사까지는 숲으로 가려진 옛길이 있기는 했지만 길을 아는 사람만 이용했을 뿐 불편하고 멀어서 이용객이 거의 없는 실정이었다. 그리하여 소양댐에서 청평사를 잇는 뱃길은 그야말로 새로운 문명의 시작이었다.

소양댐이 생기기 전 46번 국도는 샘밭으로 불리는 신북면, 현재 소양강댐사무소 정문이 위치한 도지골에서 강을 끼고 굽이굽이 비포장도로를 따라 청평리에 도달했다. 주막 두어 채가 뽀얀 먼지를 뒤집어쓰고 죽은 듯이 앉아 있다가 버스에서 내린 사람이 문을 두드려야만 기척을 했다. 청평리 삼거리에서 곧장 달려나가면 내평리를 거쳐 양구로 이어지고 왼쪽으로 접어들면 청평사로 오르는 고갯길을 만나게 된다. 시오리 쯤 다리품을 팔고 난 다음에야 청평사로 들어가는 나들목이 나타난다. 곧장 오봉산과 부용산 사이 계곡을 사이에 두고 경사진 도로를 따라 오르면 백치고개에 오른다. 구름도 쉬어 넘는다는 백치고개 정상에서 바라보면 가물가물 간척리와 오음리, 간동리로 이어지는 교차로가 보인다.

배후령은 46번 국도 개설 시기와 일치한다. 청평리-내평리를 거쳐 양구로 이어지는 도로가 소양호의 담수와 함께 폐쇄되기 때문에 담수 전인 69년부터 72년 사이 이른바 국토건설단(군미필자로의 대체 군복무 투입)에 의해 배후령(오음리 고개)이 생겼다. 간척 4거리에서 화천 간동으로 갈라지고 추곡리-수인리를 연결하여 양구에 이르는 46번 국도, 산허리를 뚫고 만든 도로가 개설되어 오늘에 이르고 있다. 최근 국도 직선화사업에 의해 46번 국도는 또다시 확포장되어 새로운 면모를 갖추게 되었다.

요즘은 소양댐-청평골 간 뱃길 외에도 배후령을 넘은 다음 간척 4거리에서 백치고개를 넘어오는 포장이 아주 잘 된 지름길이 개설되어 뱃길이 끊어진 한밤중에도 청평골을 찾을 수 있게 되었다.

"청평사 사하촌은 아직도 개발 중에 있습니다."

신상철 청평리 이장의 목소리에는 청평골이 관광 명소로 발전되기 위해서는 아직 갈 길이 멀다는 뜻으로 들렸다. 주지하다시피 청평골은 사방팔방이 꽉 막힌 오지인데다 교통 여건도 불편해 관광단지로서 크게 번창할 조건이 매우 부족한 실정이라고 말했다.

"뱃길이 열리고 지금까지 몇 년이 지났습니까? 아직도 주민의 숫자가 30여 가구에 불과하고 그나마 춘천에서 출퇴근하는 유동 인구가 많아 정착촌으로서 면모를 갖추지 못한 영세한 형편을 그대로 유지하고 있지요."

농사나 약초를 재배하는 분들은 이제 전혀 없다고 했다. 주민등록상에는 30여 가구 등재돼 있지만 실재로 조사해 보면 18가구에 불과하다고 털어놓았다. 직종 별로 구별해 달라고 부탁했다. 18가구 중에서 숙박업에 종사하는 집은 4가구, 음식업 12가구, 나머지 2가구가 선물 따위 기념품을 취급하는 상점이 있다고 했다.

봄, 가을 철에는 청평사와 오봉산을 찾는 등산객이 많아 제법 수입을 올린다고 했다. 그럴 때는 주민들 얼굴 보기에 괜찮은데 한여름 장마철에는 고스톱이나 치며 소일하는 날이 많아 걱정이라고 했다. 몇 년 전에 옛길이 확포장되어 찾아오는 관광객들이 늘었는데도 그렇다고 신상철 이장은 시름 섞인 넋두리를 털어놓았다.

우리말과 글의 언어주권

미국산 쇠고기 수입 재협상을 촉구하는 촛불집회가 전국적으로 확산될 즈음 신문과 방송에 자주 오르내린 단어가 '검역주권' 이었다. 이른바 구매자 측에서 쇠고기를 직접 검사하고 수입 여부를 판단해야 한다는 논리였다. 검역주권에 이어 시민운동 단체들은 '밥상주권' 을 외쳤다. 음식상을 차리는 주부가 반찬을 골라 차려야 되는데 그렇지 못하니 새로운 단어 밥상주권 이란 말이 생겨났다. 물건을 사고 팔 때 구매자가 물건을 선택하는 일은 상행위의 기본인데도 민주주의와 시장경제가 가장 잘 발달된 나라에서 그 기본도 모르고 억지로 자국의 쇠고기를 팔아넘기려 했으니 힘 있는 자의 논리와 횡포 앞에 우리 국민들은 분노할 수밖에 없을 터였다.

며칠 신어 고린내 나는 양말을 자기 것이니 달라고 우기는 경우가 일본의 독도 영유권 문제이다. 잊을 만하면 뜬금없이 벗어달라고 떼를 쓰는 일본은 분명 독도를 분쟁지역으로 만들어

국제사법재판소로 끌고 가려는 의도가 진작부터 드러나 있었다. 독도 문제가 불거질 때마다 우리는 독도의 '영토주권'을 확보하기 위해 여러 가지 역사적 근거와 객관적 자료들을 제시했고 대안도 내놓았다. 그러나 그때뿐, 일본 쪽이 좀 수그러들면 어느새 그 격분했던 감정은 사그라지기 일쑤였다. 어느 것 하나 지속적이고 전략적인 대책은 마련되지 않았다.

일본의 독도 문제만 그런 것이 아니다. 중국의 이른바 동북공정 또한 우리 국토를 침탈하려는 의도에서 일본과 크게 벗어나지 않는다. 남북이 양분된 상태가 고구려사와 현 압록강, 두만강을 국경선으로 하는 국토 문제를 소홀하게 하는 이유가 될 수는 없다.

밉고 괘씸하지만 집요하게 물고 늘어지는 일본처럼 우리들도 다각적인 정책과 외교적 역량을 모아 꾸준하고 침착하게 영토주권을 지켜야 한다. 독도를 수호하려는 정부와 국민의 열망이 그만큼 지속적이고 책략적이지 못한 데서 영유권 문제는 계속 불거진다는 점을 알아야 한다.

주권 문제는 언어에서도 찾아볼 수 있다. 글로벌(국제화)시대이니까, 영어가 공용어처럼 통용되니까 허용된다는 암묵적인 배려가 깔린 듯하다. 일상 언어생활도 그렇고 신문이나 방송언어들도 하나같이 외국어를 국어처럼 사용하고 있다. 국어순화에 앞장서야 할 언론매체들은 시류에 편승하여 오히려 우리말을 망그러뜨리고 있는 실정이다.

최근에 기사화되거나 보도된 신문 방송 내용 중에 외국어(영어)를 마구 사용한 것 중, 특히 전문용어를 어휘풀이나 미니해설도 하나 달지 않고 그냥 사용한 사례를 살펴보면 <서든 어택 얼라이브 대회 개최, 삼척 R&D 센터 들어선다, 알카리 내화피복제 개발을 위한 MOU 체결, GMC 지상 3층 규모> 등을 들 수 있다. 자주 나오는 용어이긴 하나 어쩌다 읽는 독자들을 위해 생소한 외국어에 해설을 일일이 붙임으로써 친절한 신문이란 이미지를 획득함과 동시에 가독률을 높이는 계기가 되지 않을까 생각해 본다.

젊은 층의 시청률을 확보하기 위해 최근 오락방송은 아예 문법을 무시하고 과감하게 어간 축약형 어휘를 지문으로 사용하거나 언중사회가 아직 합의하지 않는 조잡한 조어를 남용함으로써 언어질서를 파괴하는 사례가 늘고 있다.

부끄(부끄럽다) 쑥스(쑥스럽다) 넘(너무) 쩐다(쩌들다) 지는(자기는) 쌤통 싹쓰리 대박 마빡 왕민망 얼짱 돌아이 등, 텔레비젼을 한 시간만 켜놓고 지켜보고 있으면 우리의 언어가 근자에 이르러 얼마나 농락당하고 있나 실감함과 동시에 검역주권, 영토주권만 외칠 일이 아니라 우리글 우리말의 주권도 심각하게 논의할 때라는 점에 동의할 것이다.

중국이 간체자를 사용함으로써 구세대와 신세대 간의 혼란과 문화 단절 현상을 초래한 결과를 자져왔다. 중국의 과오를 우리가 되풀이하지 않으려면 외국어 사용에 대한 장기적인 안목과 언어정책이 필요하다. 언어는 그 나라의 정신이기 때문이다.

불신시대 거품시대

언제부터인가 칼국수 앞에 "손" 이라는 접두사를 넣어 "손칼국수" 간판이 걸리게 되었다. 칼국수는 공장에서 대량으로 뽑은 국수가 아니라 집에서 주부가 부엌칼로 직접 썰어서 만든 국수라는 뜻이다. 거기다가 손칼국수라니, 얼마나 믿지 못하면 손으로 직접 반죽해서 썰었다는 '손' 을 강조했을까. 기존의 기계로 뽑은 국수가 아닌 정성이 담긴 국수, 이른바 차별화된 상품으로 다른 국수집과 경쟁을 하겠다는 전략임에 틀림없다.

오늘은 해장도 할 겸 그 옛날 어머니가 정성스레 부엌칼로 썰어 끓여주시던 칼국수 맛 좀 볼 수 있을까 하고 동료들과 손칼국수집을 찾았다. 그러나 그릇에 담겨 내 온 것은 기계로 썰은 국수였다. 속았다는 생각 때문에 손칼국수는 이제 믿을 수가 없게 되었다.

한번 실망했던 손님들이 손칼국수집을 외면하자 이번에는 "순" 자를 하나 더 붙여 "순손칼국수" 집 간판을 내걸을 터였다. 고도의 차별화 작전이다. 손칼국수라고 상호를 내걸고 반죽만 집에서 했지 기계로 뽑은 칼국수를 내놓다보니 손님들이 발길 끊었을 심리를 이용한 것이었다. 그러나 '순' 자 하나 더 붙였다고 그 옛날 어머니가 만들어주시던 그 시원한 칼국수 맛을 되살렸는지는 잘 모르겠다.

참기름도 그랬다. "순 참기름"에 이어 "진짜 순 참기름"이라는 상품이름이 기름을 짜는 방앗간 집에 나붙기 시작했다. 수타 자장면도 처음에는 손자장면 하다가 '진' 짜에 '순' 자까지 붙여 "진짜 순 손자장면(진짜 수타 자장면)"이라는 상호를 건 간판을 바라보며 정말로 불신시대임을 실감하게 된다.

춘천의 여러 닭갈비집 간판에 한둘씩 "원조元祖"가 앞에 붙어 이제는 웬만한 닭갈비집 치고 원조닭갈비집이 아닌 곳이 드물게 됐다. 그야말로 원조 풍년이 들어 닭갈비 맛을 보러오는 외국관광객들이나 고객들을 매우 애매하게 만들고 있다.

춘천에서 닭갈비집을 처음 연 원조는 중앙시장을 건너다보며 한여름에도 숯불을 피워 닭갈비를 굽던 집이었다. 그 집은 손님이 찾아오면 변함없이 숯불을 피워 닭갈비를 구워주었는데, 중앙시장 건너 그 숯불닭갈비집의 허락을 받았는지는 확인해 본 바 없어 잘 모르겠지만 세월이 지나면서 원조 닭갈비집이 세 집 건너 한 집씩 늘어났다.

바다 건너 제주시에서 함덕 해수욕장으로 가는 길목을 지나다가 "원조명동닭갈비" 집을 발견하고는 그만 배를 움켜잡고 웃은 일이 있었다. 주인에게 물어보니 군대생활을 강원도하고도 춘천 샘밭에서 하며 외박 나올 때마다 춘천의 그 유명한 명동 뒷골목에서 닭갈비를 자주 먹었다고 했다. 제대하고 고향에 돌아와 보니 마땅한 일자리는 없고, 번쩍 머리를 스치는 것이 닭갈비였다고 했다. 즉시 춘천으로 달려와 단골집을 트놓고 한 달 가까이 양념 만들기와 조리법을 익혔다고 했다, 그렇게 해서 차린 닭갈비집인데 관심을 끌기 위해 '원조' 자 하나 더 얹었다고 그는 웃었다.

막국수도 예외는 아니다. 약사아파트가 들어선 부근에 허름한 막국수집이 하나 있었다. 막국수집이야 웬만한 시골장터에는 한두 집 있기 마련이지만 사람들이 자주 찾으며 입질에 오르내리던 막국수 집 가운데 약사동 막국수집이 먼저 기억으로 남기 때문에 아마도 그 집이 춘천 막국수집의 원조가 아닐까 생각해 본다. 이후로 식생활이 바뀌고 성인병에 좋다는 소문에 얹어 춘천의 막국수가 춘천을 대표하는 음식으로 자리 잡자 도처에서 원조 막국수집이 늘어나기 시작했다.

악화가 양화를 몰아내고, 가짜가 진짜를 압도하는 시대, 돈벌이가 된다면 겨드랑이에 난 털까지도 팔아먹는 세상이 되었다. 이 불신시대를 증명하는 것들은 도시의 곳곳에 심심찮게 깔려 있다. 원조부대찌개, 원조초당두부, 원조 할매 손칼국수, 원조 닭발. 원조…… 아니, 이 시대를 '원조' 처럼 불신의 덩어리로 만드는 것들이 어디 한둘이겠는가.

여의도에 모여서 정치를 한답시고 밥그릇 싸움만 벌이고 입씨름이나 일삼는 의원 나으리들이 불리하면 어김없이 도용하는 말, '국민들' 을 빙자하는 태도 역시 거품이요 그래서 불신을 받는 말이다. 툭하면 장외투쟁이요, 국민들이 원하지도 않는데 국민들이 원하니까 핑계 대는 정치 판도도 이제는 바뀔 때가 되었는데 여전히 국민들을 팔고 있으니 정치 불감시대를 자초하고 있다. 아무래도 국회의원들이 불감증 환자들이거나 대갈님이 플라스틱으로 된 모양일 터이다.

검문소나 호텔 입구에서 싸모님 소리를 듣기 위해서라도 중형승용차를 몰아야만 자존심이 구겨지지 않는 이 시대는 분명 거품시대이다. 임대아파트에서 살아도 승용차는 있어야 하고 아이들이 중학교에 입학만 하면 휴대전화를 반드시 들려 줘야 모양새가 갖춰진다는 사고방식은 진짜 속빈 강정이요 고갱이 없는 배추 꼴이다.

그 거품이 최근에는 문화행사에도 불어 닥치고 있다. 인구 3,4만이 겨우 넘는 소도시에서 치르는 축제의 종류도 많거니와 그 많은 행사들이 약속이나 한 듯이 "전국" 이라는 수식어를 붙여서 전국 규모 잔치를 벌이고 있는데 막상 참가자들의 명단을 뒤져보면 강원도와 아주 가까운 경기도 가평, 안양이거나 충청북도 제천, 충주쯤에서 온 사람들 몇몇이 고작이다. 외지의 수많은 관광객들을 불러 모아 지역 경제를 활성화시켜보자는 뜻은 납득이 간다.

특히 대학입시에서 내신 성적에 반영되거나 해당학과 전형에서 가산점을 받게 되는 백일장, 미술대회 등 전국대회 입상 경력은 고교생들에게는 매력 있는 기회이다. 이런 호재를 이용해 조촐하고 알차게 치러져야 할 시군 단위 문화행사가 시작부터 거창하게 '전국' 규모로 열리다보니 속 빈 강정이 되기 일쑤요 현수막은 요란한데 참가자들은 고작 1백여 명을 겨우 넘는 꼴이니 이 또한 거품이 아니고 무엇이냐.

지방에서 몇 년 착실하게 시행착오를 거듭하고 넉넉하게 예산을 확보한 뒤에 '전국' 이라는 이름을 붙여 행사를 벌여도 늦지 않을 텐데, 거품에다가 조급증까지 합세하는 세태가 못내 안타깝다.

길은 있으되 길이 없다

4대강 살리기 사업의 하나로 북한강과 남한강 일부 구간에 개설 중인 자전거 도로가 공정을 앞당겨 완공된다고 한다. 자전거길이 완공되면 레저관광 수입을 통해 지역경제를 활성화시킬 수 있고 무엇보다도 '자전거이용활성화' 라는 국가시책에 부응하는 길이 된다. 자연생태계를 더욱 가까이에서 관찰할 수 있어 심신수련에 크게 도움이 될 것이란 기대도 크다. 자전거를 타고 개설된 수변도로를 달리는 모습을 상상해 보면 청량음료를 마신 것처럼 신선한 충동에 빠진다.

친수공간을 조성하거나 자전거도로를 개설하여 국민건강과 함께 자전거 이용률도 높이는 일이 곧 4대강 살리기 사업 본래의 취지는 아닐 터인데 자전거도로 개설 관련 기사가 심심찮게 언론에 보도되고 있다. 4대강 사업의 연장선에서 수변도로에 개설되는 레포츠용 자전거도로보다는 시장과 학교와 관공서가 있는 도심 방향으로 파고드는 생활자전거 타기야말로 정부가 추진하고 있는 자전거 이용 활성화 정책에 어울릴 것이다.

정부는 95년도에 자전거 이용 활성화에 관한 법률을 제정하고 현재까지 1조3백억원을 투자하여 자전거 보급률 16%선을 확보하는 등 자전거 정책을 추진하고 있으나 그 이상 뚜렷한 실적을 올리지 못하고 있는 실정이다. 행정안전부 자전거 이용 활성화 추진안에 따르면 국내 자전거 교통수단분담률은 겨우 3%선, 자전거 선진국에 비하면 아직 걸음마 수준이라고 한다. 자전거 도시를 자랑하는 상주시의 경우는 95년 정부 정책 발표와 동시에 자전거 타기 활성화 정책을 지속적으로 펼친 결과 교통수단분담률을 21%까지 끌어올릴 수 있었다. 또 다른 자전거 도시 창원도 상주와 마찬가지로 자전거 관련 전담부서(자전거정책과)를 개설하고 자전거를 생활 속에 정착시키기 위해 시정 핵심목표로 추진했기 때문에 자전거 보급률 26%를 달성할 수 있었다고 한다.

상주시의 자전거 정책 가운데 다른 시군과 차별화된 내용은 도심구간에서 시내버스를 이용할 수 없도록 만든 점이다. 버스터미널에서 시외로 빠져나가는 노선를 제외하고는 시내버스를 구경할 수 없었다. 필자는 담당자의 설명을 듣고 직접 시내구간을 걸으면서 확인해보았다. 보도블럭을 뜯어내고 신소재 포장재를 사용한 폭 넓은 자전거 겸용도로는 시내구간을 벋어나자마자 인도와 차도가 각각 분리된 자전거 전용도로로 이어지고 있었다.

경북 상주의 교통정책을 살펴보다가 문득 인구 20만의 독일 어느 도시가 떠올랐다. 그 도시는 운전자가 도심으로 들어올 경우 타고 온 승용차를 일정한 주차장에 승차시킨 다음 시내버스나 자전거 같은 다른 대체 교통수단을 이용한다고 했다.

교통수단분담률을 높이면 자연스럽게 교통사고와 교통혼잡을 줄이게 되고 대기오염, 주차난을 개선할 수 있다고 전망한다. 그 대안 중에 하나가 생활자전거 타기를 범국민적으로 전개해 나가는 길이라고 춘천시민연대 사무국장은 말한다. 언덕길이 많은 강원도는 자전거 타기가 힘들고 불편해 시민의 호응도가 떨어진다는 말은 변명에 불과하다. 요즘 자전거 변속장치가 얼마나 잘 만들어져 나오는데 그딴 소리냐? 우선 생활자전거 타기를 활성화시켜보겠다는 자치단체장의 확고한 의지가 선행되어야 한다고 그는 주장한다. 오랜 동안 자전거 이용 활성화를 가지고 고심한 시민단체 실무자답게 여러 대안을 필자에게 제시했다.

4대강사업으로 개설되고 있는 자전거도로처럼 시내구간도 국책사업으로 전환되어야 할 것이다. 도로교통법상 자전거도 차로 분류되는데 보험가입 대상에서 제외되거나 도로에서 차별을 받는 등 현행 자동차 중심의 교통정책에 대한 개선도 시내구간 자전거도로 개설만큼 시급하다. 상가가 밀집된 도로변에 자전거도로를 만들고 분리대를 설치하는 일도 만만찮고, 안전이 보장되지 않는 자전거 타기 운동도 그렇다. 모기도 천 마리가 모이면 천둥소리를 낸다고 그러던데 뜻을 세우고 마음을 합친다면 길이 생길 터이다.

우리 시대의 명제는 공존

북강원 평강의 오리산에서 발원하여 6.25의 격전지이자 한때 우리들의 젊음을 고스란히 묻어버린 휴전선, 그 지긋지긋한 김화와 철원, 포천을 가로질러 연천에서 임진강을 만나는 한탄강은 큰 여울漢灘이 아니라 원한과 탄식을 간직한 비극적인 이름으로 남는다. 그러기에 한탄강은 더욱 아름답고 충만한 생명력으로 흐르고 있다.

논병아리 부부가 부화하고 새끼를 기르는 모습은 인간이나 동물이나 더 좋은 환경에서 자식들을 양육시키고자 하는 공통된 본능을 확인하는 시간이었다. 물고기 비늘 같은 깃털을 가진 호사비오리의 격렬한 짝짓기 장면, 목욕을 마치고 양지 바른 곳에서 날개를 펴 몸을 말리는 검은목두루미의 그 화사한 몸짓을 포착하느라 얼마나 많은 시간을 황량한 들판에서 보냈을까. 두루미가 천적의 공격을 피해 물속에 다리를 담그고 잠을 자는 모습을 찍기 위해 몇날 밤을 추위에 떨며 지새웠을까.

그리하여 세계 최초로 새벽 강가에서 천여 마리의 두루미가 몸통을 머리에 처박고 자고 있는 모습을 영상에 담을 수 있었을 것이다. 방바닥에 누워서 혹은 소파에 다리를 걸치고 앉아서 한탄강의 생태계를 화면으로 지켜보고 있다는 게 제작진들에게 미안했다.

가는돌고기, 물거미, 애기뿔쇠똥구리, 꼬마물떼새들의 서식지인 용늪의 생태라든지 주상절리가 만든 3백여 개의 동굴에 대한 탐사와 그 동굴에서 서식하고 있는 장님좀먼지벌레의 퇴화하고 있는 생존의 모습은 생명의 신비로움을 발견하게 했다.

한탄강은 휴전선이 지나가듯이 식물들에게 남쪽과 북쪽의 생태를 구분하는 남북방 한계선이라는 사실도 깨달았다. 미기록종인 수염흰호색이라든지 학계에서는 멸종 위기종으로 알려져 온 층층둥굴레 군락지를 발견한 것도 쾌거였다. 그밖에 너도바람꽃, 각시고사리, 돌창포, 애기송이, 깽깽이풀 군락지를 시청자들에게 보여줄 수 있었다는 것도 큰 수확이었다.

철원 양지리는 철새 탐조의 1번지이다. 그 사납기로 유명한 독수리가 토교저수지 둑방에 누워서 낮잠을 자다가 폐사된 닭을 먹어치우는 모습을 필자가 처음 본 것도 양지리였다. 청소부 독수리와 함께 달그림자 속을 비상하는 쇠기러기 떼를 관찰하러 찾아오는 탐조객들에게 자연과의 교감을 위해 몇 마디 충고의 말을 전했더라면 얼마나 좋았을까. 국내 유일의 화산 베개구조를 가진 지형과 지질학적 특성을 시청자들이 보다 쉽게 이해하도록 조금 더 시간을 할애했더라면 하는 아쉬움도 남는다.

멸종 위기에 놓여 있는 금개구리, 붉은점모시나비의 집단서식지를 발견해 낸 것도 제작진의 큰 공이다. 특히 학계의 통설을 깨고 울음주머니가 있는 금개구리를 화면에 잡은 것도 그렇고 삼척에 이어 한탄강 유역에서도 서식하는 모시나비를 발견한 것도 생물학계에 크게 이바지한 셈이다.

건설업체의 무차별 골채 채취 장면과 트럭을 동원한 군부대의의 야생 동식물 서식지 점거장면이 여러 차례에 걸쳐 화면에 비친 의도를 우리는 알아야 한다. 인간과 인간, 국가와 국가가 공존해야 인류는 발전할 것이다. 생명이 있는 모든 것들도 공존해야 지구촌은 건강하게 그 생명을 연장하고 번창할 것이다. 우리 시대의 명제는 공존하는 것. 한국과 일본이 함께 이바지해야 동북아의 균형이 유지될 것이고, 이라크를 비롯한 중동의 여러 국가와 아메리카가 공존해야 세계 평화가 유지되듯이 인간과 자연이 공존해야 생명력 넘치는 삶을 유지할 것이다.

환경부가 DMZ 생태계 보존계획을 마련하기 위해 내년부터 기초조사에 들어간다고 발표했다. 늦었지만 박수를 보낸다.

선장의식과 공존의식

텔레비전 화면을 지켜보다말고 식구들 몰래 눈물 닦는 게 요즘 일과 중에 하나라고 말했더니 자기도 그렇다고 반응을 보이는 친구도 있었고 83년 여름, '이산가족을 찾습니다' 라는 생방송 이래 텔레비전을 보다말고 찔끔찔끔 눈물 많이 흘리기는 이번이 두 번째라고 실토하는 친구도 있었다. 이제 곧 청춘의 황금시대를 맞을 고교 2년생들의 희생이 컸던 때문에 더욱더 안타까운 감정이 누선을 자극했을 터였다.

집에 찾아온 애들 몰래, 혹은 손주새끼들 몰래 눈물 닦아내다말고 울컥 분노가 치솟아 눈 부릅뜨게 만든 원인은 무엇일까? 인간 말종 세월호 선장일 터였다. 참사 이래 '저 새끼, 선장 저 놈!' 으로 통칭되는 선장의 모습이, 공교롭게도 고교 동기들의 월례모임이 벌어진 회식장소에서 속옷차림으로 세월호를 빠져나오는 선장의 모습이 텔레비전 화면에 비치고 있었다. 승무원들과 함께 구출된 선장이 구조현장에서 바닷물에 젖은 5만 원권 지폐를 꺼내 볕에 말리더라는 친구의 말에 우리들은 또 울분을 토해냈다.

기울어진 세월호에서 선장을 앞세우고 일곱 명의 승무원들이 굴비 엮어지듯 해경에 의해 구출되는 장면이 텔레비젼 화면에 비치기만 하면 이를 지켜보던 대한민국 국민들은 격분의 감정을 억누를 수가 없었을 터였다. 우리 국민들 마음속에서 선장의 존재는 이미 악마의 화신으로 자리잡기에 이르렀던 것이다.

자신의 목숨구하기에만 연연했던 선장이야 말할 것도 없고 세월호 승무원들도 싸잡아 비인간적인 차원을 넘어 범죄자로 취급하게 된 까닭은 자신들의 책무를 다하지 못했기 때문이다. 마음만 먹었다면 적잖게 승객들의 생명을 구했을 입장이었고 선체가 물에 잠기는 그 순간까지 승객들을 구출하기 위해 안간힘을 썼더라면 참으로 떳떳하고 의로운 존재가 되었을 것이란 생각을 해본다.

그런저런 안타까움에 속을 태우다 문득 나는 비겁한 행동을 보인 선장과 승무원들을 악의 무리로 단정하게 된 저변의 심리를 들여다보았다. 저들을 크게 비난하는 이유는 아무래도 마음 어딘가에 뿌리깊이 잠재돼 있던 세월호 선장과 같은 이기주의, '나 하나쯤이야' 하는 내 마음 속에 내재된 독선주의를 남들에게 고스란히 들켜버린 당혹감 때문에 나 자신을 정당화시키기 위해 누구보다 목청 높여 세월호 승무원들을 비난하는 것은 아닐까?

저런 위급한 상황에 놓이게 되면 나도 어쩔 수없이 본능적으로 혼자 탈출을 시도할 수밖에 없을 것이란 동정심으로 선장과 승무원들을 바라보았다. 그러나 선장은 경륜으로 따져보았을 때 이미 본능을 넘어선 도덕적 존재라는 점에 주목해야 한다. 살만큼 살았다고 말하는 환갑 나이도 지난 원숙한 인격체요 엄청난 규모를 자랑하는 여객선의 선장으로서 보여준 모습은 너무나 옹졸하고 이기주의의 끝을 보여준 행태였다는 점에서 우리 사회에 큰 충격을 던져주는 것이다.

세월호 선장이 보여준 '자기 실속주의', 우리 사회 도처에 팽배해 있는 '나 하나쯤' 이란 생각으로 행동화된 극단적 이기주의 현상을 나는 '선장의식' 이라고 불러보기로 한다.

신속하게 탑승객의 생명을 구출해야 할 선장과 승무원들은 그렇다 치고 답답하고 안타깝기는 세월호 침몰 사고에 대처하는 관계관들이었다. 생방송으로 중개되듯 텔레비전 화면을 지켜보며 국민들이 공분한 까닭은 무능한 해경과 대책 없이 구조현장을 찾은 관계부처 관리들과 구멍 난 국가재난방지 시스템이었을 것이다.

관련 화면과 함께 자막을 읽으면서 나는 마치 대한민국호가 침몰하고 있다는 자책감과 함께 그 동안 쌓아올린 경제성장이 허구였다는 수치심 때문에 얼굴이 화끈화끈 달아올라 좌불안석이 되었다. 체면이 손상되어 코리아 여권 들고 어떻게 해외여행을 떠날 수 있단 말인가.

곧 다가올 중국여행을 우려와 설렘으로 머릿속에 그려보다가 느닷없이 한 줄 자막 때문에 깊은 갈등에 사로잡히고 말았다.

"기다리래, 끝까지 안내방송만 믿은 아이들. 배 뱀돌며 대피방송만, 아무도 안에 들어가 구하지 않았다. 골든타임에 배 1척 헬기 2대가 고작, 구조전문가는 없고 '얼치기' 만 많았다…."

여러 가지 문제를 지적한 자막 중에 번갯불처럼 눈앞에 와 닿는 자막은 '기다리래' 였다. 기다리다 보니 찾아온 것은 죽음뿐이었다. 열일곱 꽃다운 나이에 찾아온 수장이었다. 아이들은 죽음의 물을 마시며 기다리란 말만 믿었던 자신을 얼마나 후회했을까? 선생님의 말씀 한마디에 바닷물이 차오르는 줄도 모르고 기울어진 선실 안에서 무작정 기다리기만 했던 착한 고교 2년생들….

질서를 지키기 위해 가만히 기다리고 있다가 차례가 되면 선실 밖으로 빠져나와 구출될 것으로 알고 선생님들은 안내방송만 믿고 학생들을 선실 안에 대기시켰을 것이다. 대기하고 있었는데 어떻게 하라는 후속조치는 없었다. 그러는 사이 승무원들은 모두 탈출해버렸다. 배가 기울어 위급한 상태가 되었을 때에야 한발 늦었다는 낭패감과 함께 서둘러 탈출을 시도했을 것이다. 위기상황을 빨리 알아내고 능동적으로 대처할 적극적인 판단력을 갖추지 못했던 착하기만 한 우리 학생들이었다.

이번 교육감 선거는 세월호 참사의 영향이 반영되었다는 언론보도를 주목할 필요가 있다. 위급한 상황에서 "가만히 기다리라" 는 가르침만 믿고 위기에 대처하지 못한 고교생들의 수동적인 행위는 학교교육의 한 단면을 보여주는 좋은 사례라고 생각한다. 질서를 지킴으로써 안전할 수 있다는 획일적이고 단편적인 책상머리 교육, 입시교육으로 대변되는 오늘날의 암기식 교육이 세월호 참사 희생자를 더욱 많이 만든 결과였을 지도 모른다.

그러므로 이번 교육감 선거는 가만히 기다리고만 있지 않고 스스로 해결하고 대처하겠다는 적극적인 의지가 반영된 결과라고 한다. 서열과 경쟁이 우선시 되는 교육이 아닌 자율과 소통, 배려와 나눔의 철학이 담겨진 선진교육이 그 어느 때보다 필요하다는 국민적 요구가 진보성향의 교육감 당선자 13명을 배출하게 된 것이라고 주장하는 사람들도 있다..

세월호 참사가 보여준 수동적인 착한 학생이 아니라 이제는 위기에 직면했을 때 스스로 대처할 능력을 갖춘 능동적인 똑똑한 학생을 길러낼 학교교육의 혁신이 필요한 시기에 직면했다. 그런 학생들을 교육시킬 풍부한 경험과 판단력을 고루 갖춘 선생님들도 육성해야 한다고 생각해 본다.

경제발전을 위해 오로지 앞만 바라보고 줄기차게 달려왔던 때가 있었음을 우리는 상기시켜봐야 할 것이다. '어서어서, 빨리빨리' 만 추구하다보니 국민의 안전과 행복에는 '대충대충,

얼렁뚱땅'으로 일관했고 문제가 터질 때마다 '갈팡질팡, 우왕좌왕'하며 충분하게 제동장치를 점검할 여유가 없었던 것이 마침내 세월호 같은 대형 참사를 불러일으키게 된 원인으로 작용하지는 않았을까,

자성과 각오가 필요한 때를 맞은 것이다. 늦었지만 그동안 오래된 잘못된 관행을 과감하게 떨쳐버리고 이제 새롭게 거듭나지 않으면 세월호처럼 침몰한 대한민국호를 다시 인양할 기회가 없어질지도 모른다는 참담함에 우리는 치를 떨어야 한다.

세월호 사건은 우리 모두의 어두운 자화상이다. 그 동안 누적된 적폐를 뜯어고치고 안전하고 건강한 대한민국을 만들기 위해 여러 가지 대안과 대책이 나오겠지만 나는 먼저 우리 마음속에 내재된 '나 하나쯤'의 '선장의식'을 퇴선시키는 일부터 착수해야 한다고 생각한다. 내 마음속 뿌리 깊게 자리잡고 있는 통속적인 이기주의나 출세주의, 요령주의를 청산하려면 젊은이들부터 '선장의식'이 싹트지 못하게 예방하고 '공존의식'을 심어주는 교육부터 시작해야 한다고 주장한다. 어렸을 때부터 나보다 남을 먼저 배려하는 생각, 더불어 살아가려는 노력이 우선되는 교육을 통해 건강하고 안전한 사회 기틀을 잡아나가지 않으면 지금 추진해나가고 있는 새로운 대한민국 만들기는 사상누각에 불과할 것이다.

악장 하틀리를 비롯해 여덟 명의 연주자들은 세 시간 가깝게 승객들을 안정시키기 위해 연주를 거듭했다. 드디어 허리까지

물이 차올랐다. 마지막으로 '주여, 임하소서'를 연주하며 죽음을 택한 연주자들의 아름다운 이야기는 영화 '타이타닉'에만 있는 것이 아니다. 세월호 참사 때도 벗을 위해 자기 목숨을 던진 젊은이가 있다.

자신의 구명조끼를 친구에게 양보한 정차웅 학생이나 동생 같은 학생들을 구하기 위해 끝까지 선실에 남던 박지영 같은 승무원이 바로 타이타닉호의 연주자들이다. 어린 생명을 구하기 위해 부러진 다리로 학생들을 선실 위로 밀어올리던 선생님이 있기에 우리는 아직 절망하기엔 이르다.

해병대 캠프 사고 당시 친구를 구하다 숨진 이준형 군이 있고 인천 페인트 원료 창고 화재 때 피해를 막으려다 세상을 떠난 오판석 박창섭 같은 분들도 있음을 우리는 얼마나 다행스럽게 생각하는가. 그들의 숭고한 희생이 있었기에 우리가 살고 있는 세상은 살만한 가치가 있다고 말하지 않던가. 이 세상은 세월호 선장 같은 무뢰한만 있는 것은 아니다.

무슨 사건사고가 터질 때마다 구태를 벗어나야 한다고 목청을 높이지만 그때뿐이었다. 그러나 이번만큼은 지난 90년대 말 외환위기 때 국민전체가 참여한 금 모으기 운동처럼 더불어 사는 안전하고 건강한 나라를 만들기 위해 전 국민이 마음을 모았으면 하고 바란다. 위로부터 아래로가 아니라 아래로부터 위로 조금씩 조금씩 변화하는 국민운동으로 확산되기를 소망한다.

제4부

물속에 잠긴 마을 이야기

마을이 수몰되면서 면세가 빈약해졌다. 주민들이 고향을 버리고 떠난 자리에는 물이 차올라 동네의 모습은 흔적조차 찾을 길 없고 물에 채 잠기지 않은 옛 농경지는 잡초만 우거졌다.

물속에 잠긴 마을 이야기

삶의 흔적이 묻어나던 소양강 물줄기

소양강은 인제군 서화면 무산에서 발원한 서화천과 인제군 북면 내설악의 그 산자수려한 백담계곡과 십이선녀탕 계곡, 한계령 아래 옥녀탕 계곡을 흘러나온 북천과 만나며 제법 강줄기를 이룬 다음 홍천군 내면 명개리에서 물길을 시작한 내린천과 인제 읍내에 이르러 합류한다. 세 물줄기가 서로 만나 합친다 하여 인제 사람들은 합강이라고 불렀다. 물줄기가 서로 만난다 하여 붙여진 정선의 아우라지나 양평의 두물머리도 합강과 같은 의미를 지닌다. 합강은 인제 읍내를 거치고 가로리로 접어들면서 이윽고 소양강 물줄기는 도도해진다.

군축령 아래 가로리를 바라볼 때만 해도 소양강은 적요했다. 드문드문 사립에 에워 쌓인 초가집과 상추, 쑥갓, 고추, 아욱 따위 푸성귀를 심은 터밭이 그림처럼 스친다. 외양간에서 그리

멀지 않은 곳에 한가롭게 송아지를 데리고 암소가 풀을 뜯는 산촌 마을, 그야말로 정지용의 '향수' 노랫말에서나 봄직한 시골 풍경이 정겹게 가슴으로 흐르다가 강마을의 적막함이 일시에 무너진다.

가로리에서 관대리 부평리에 이르는 강변은 전쟁을 치르느라 고철덩어리가 된 트럭이 뽀얗게 먼지를 일으키며 달려가고, 위장을 한 채 덜덜대는 탱크의 캐터필러 굉음, 활주로를 벗어나는 정찰기(L19)의 비행음, 훈련을 받고 귀대하는 병사들의 고함소리들이 뒤섞여 강마을은 한창 요란하다.

인제군 남면 신남리 유목정 마을이나 부평리, 어론리, 구만리는 한국전쟁 전에는 38선 이남이었고 관대리, 남전리, 가로리와 인제 읍내는 수복지역이다. 관대리 일대는 소양강다목적댐 완공이 가까워지고 담수를 시작하기 전까지 3군단이 주둔하던 군사 요충지였다. 춘천을 출발한 버스나 트럭이 양미리를 실으러 진부령 너머 간성이나 속초를 가기 위해 남면 관대리 검문소와 38교를 지나야 하는 교통의 요충지이기도 했다. 홍천을 거쳐 속초로 가자 해 도 반드시 관대리 검문소와 38교를 지났다.

3군단이 주둔하기 전에는 미19군단이 주둔했었다. 한때 양공주들을 찾는 흑인병사가 조립식 건물로 급조한 주점을 찾아오고 미군이 빠진 자리에 한국군 3군단이 교투입되던 시기, 한창 흥청망청 경기가 좋을 때를 회상하며 남면 지역의 인구가 1

만 명을 웃돌았다고 당시 관대리에 거주했던 원주민 심영식(산악인, 강원고교에서 퇴직)씨는 증언한다.

관대리와 부평리를 거친 소양강은 행정구역 상 양구군 남면 상·하수내리(당시) 수산리를 통과하며 다시 산촌의 적요함에 익숙해진다. 양구군 남면의 끝자락인 원리와 명곶리를 거쳐 이내 춘성군 북산면 지역에 이른다.

예부터 약수터로 잘 알려진 추곡 마을과 대곡리, 대동리를 지나 면소재지였던 내평리를 거치게 된다. 내평리 버덩과 가리산 아랫동네 물로리를 이어주는 출렁다리를 지나다 보면 원목을 실은 일산 토요타 트럭이 눈에 띈다. 제때에 정비를 하지 않고 마구 부려먹어 고물이 다 된 원목 실은 트럭을 그 당시에는 산판차로 불렀다. 내평리를 지나자 46번 국도, 춘천 시내를 내왕하는 16인승 마이크로 시외버스와 시발택시가 자주 보인다.

강 건너 물로리, 조교리, 품안리를 바라보며 부귀리를 지나면 청평사가 있는 사하촌 청평리에 이른다. 멀리 춘성군 신북면 맥국터가 있다는 천전리가 손에 잡힐 듯하다. 소양강댐이 강줄기를 가로막기 전까지만 해도 인제 합강에서 뗏목을 엮어 땔감이나 재목, 버섯 약초 석청 따위 강원도 토산물을 잔뜩 싣고 서울 뚝섬이나 광나루로 나가자면 하룻밤 묶어가는 곳이 도짓골이었다. 떼꾼들이 주막에 당도하면 계집들이 돈 냄새 맡고 기웃대는 곳, 국밥에 밥 말고 도라지나물에 막걸리 한 사발 뚝딱 걸치면 고향도 아내도 멀리 고단한 잠에 빠지기 마련이었다.

다음날 통 트기 무섭게 짚신 고쳐 신고 뗏목에 올라 부지런히 삿대를 젓는다. 우두벌이 가까워지니 유속이 느린 때문이다. 도짓골을 출발한 뗏목은 해가 기웃해질 무렵 신영강 강마을 덕두원에 당도하여 여장을 풀었다고 '춘주지' 는 전한다.

소양강은 샘밭 장터를 바라보며 우두산 아래 할미여울을 지나고 이윽고 금강산 옥전봉에서 발원하여 회양, 금성, 화천을 지나온 북한강과 합류한다. 제법 품이 너른 강물이 되어 봉의산 산그림자를 품는다.

북한강과 합수한 소양강은 물길 166.2키로미터의 역할 마치고 북한강이란 이름으로 양평의 두물머리에서 남한강과 합쳐 거대한 한강이 된다. 한강의 품에 안긴 소양강은 그리움으로 흐른다. 강원도 특유의 원시적 생명으로 남는다.

물길을 가로막은 소양강다목적댐

소양강다목적댐은 1967년 4월15일 착공된다. '경제개발5개년계획의 수립과 함께 4대강 유역 종합개발계획의 일환으로 한강 수계의 수자원을 개발하여 발전, 홍수조절 및 용수공급을 위한 다목적댐 건설 사업' 이라고 74년 8월 발간된 <소양강다목적댐 공사지>는 밝히고 있다.

1950년경부터 기초조사 및 검토가 시작되었고 1960년 3월 다목적댐 건설사업의 타당성을 정부에 건의하여 공사에 착수하게 되었다. 처음 설계 때는 시멘트 콘크리트댐 방식이었으나 한국전력에서 한국산업기지개발공사(한국수자원개발공사의 전신)로 사업의 주체가 바뀌는 과정에서 돌 모래 자갈 진흙을 섞어 다진 사력砂礫댐 방식으로 전환되어 시공되었다고 한다.

1972년 8월 대홍수로 물난리를 겪어야 하는 우여곡절 끝에 착공한 지 5년 7개월만인 72년 11월 댐 축조가 완료됨에 따라 대통령이 참석한 가운데 담수식을 갖고 소양호 담수에 들어갔다. 담수를 시작한 지 11개월 뒤인 1973년 10월15일 준공 기념식과 동시 발전에 들어가게 된다.

댐의 제원을 살펴본다면 댐 높이 123미터, 댐 길이 530미터, 담수된 호수의 면적 960만 평방미터, 총저수용량 29억 입방미터(청평호 의암호 춘천호 3개 호수를 합친 저수량의 2배 규모), 홍수조절능력 5억 입방미터, 농공업용수 공급능력 12억 입방미터, 시설용량 20만 키로와트, 연간 3억5300만 키로와트 발전 가능의 수력발전소을 겸한 다목적댐이다.

소양댐 담수로 인해 수몰된 지역은 3개 시군, 6개 면 38개리이다. 지역별로 좀더 소상하게 파악해 본다면 춘성군 북산면 14개리와 동면 7개리, 양구군 남면 4개리와 양구면 2개리, 인제군 남면 7개리와 인제면 3개리이고 모두 1519만 평(농경지 782만 평)이 수몰되었고, 3천1백여 세대에 2만 명에 해당하는 수몰이주민들이 고향을 등지고 새로운 삶을 개척해야만 했다.

수몰민 이주 대책과 보상 문제는 댐 공사 착공 시기를 전후해 이루어졌는데 보상 대상 선정 작업과 보상금 지급은 강원도가 위탁받아 시행했다. 토지, 임야, 건축물, 다년생작물, 분묘, 이주비 등 총 33억469만원이 수몰들에게 지급되었다고 하나 용지 보상비만 따졌을 때 평당 157원(현재 3천원 수준)에 불과해 턱없이 적은 보상비 문제로 당시 이주민들의 불만이 대단했다고 전한다. 집시가 엄격하게 금지되어있던 3공화국 시절임에도 불구하고 목숨 걸고 상경 시위를 준비했던 것으로 알려지고 있다(내평리 산기슭에 토막을 짓고 음식점을 준비하고 있는 권혁복 씨의 증언).

소양호의 등장으로 소양강 선착장에서 청평사 간 뱃길이 열리고, 춘천-양구를 잇는 정기 항로와 수량이 많은 여름철에는 춘천-인제를 연결하는 설악지구 관광항로가 개설되었다(지금은 육로 교통의 수월성 때문에 정기 항로는 폐쇄된 상태).

내륙의 바다, 소양호에 잠긴 마을

소양댐의 담수가 만수위일 때를 기준으로 본다면 수몰지역이 춘천, 양구, 인제의 6개면 38개리에 이를 것이지만 갈수기에도 마을 전체가 거의 소양호에 잠긴 것만 언급한다면 인제군 남면 가로리, 관대리, 부평리와 춘천시 북산면 내평리이다. 북산면의 대곡리, 대동리, 수산리, 조교리, 물로리는 소양호 담수로 인해 동네가 강을 중심으로 양분되는 사태가 벌어졌다. 내평리 본동에 있던 면사무소를 비롯해 면 단위 행정관서가 해발 1백여 미터 윗마을에 위치한 오항리로 옮겼다.

마을이 수몰되면서 면세가 빈약해졌다. 주민들이 고향을 버리고 떠난 자리에는 물이 차올라 동네의 모습은 흔적조차 찾을 길 없고 물에 채 잠기지 않은 옛 농경지는 잡초만 우거졌다. 줄어든 인구에 소득원도 없어져 그야말로 빈한한 살림을 꾸려야 했다.

주민들의 생활도 그만큼 불편해졌다. 가장 큰 불편은 교통 문제였다. 강마을의 구배를 따라 이어졌던 46번 국도도 산 중턱으로 옮겨 앉아 운전자들을 더욱 조심스럽게 만들었다. 한참 걸으면 닿던 길이 한나절을 걸어야 당도했고, 경조사라도 생기면 다른 시,군을 거쳐 하루 종일 품을 내야 도착하는 어려움이 뒤따랐다.

물속에 잠긴 인제군 남면 지역

춘천이나 홍천을 출발한 시외버스와 트럭들이 인제 읍내를 거쳐 진부령 너머 간성이나 속초로 행선지를 잡은 차량들은 반드시 관대리 38교를 건너고 군관 합동 검문소를 통과해야만 했다. 부평리와 남전리, 가로리를 지나 군축령에 이르는 연도에는 생사탕집(살모사나 독사 따위 정력에 좋다는 뱀을 고아 파는 키 낮은 토담집)이거나 외지에서 들어와 조잡하게 엮어 지은 땅꾼들이

거처하는 판자집들이 즐비했다. 산삼과 송이버섯, 토종꿀 따위를 서툴게 그려 붙인 토산물 상점도 눈에 띄었다.

제법 큼직한 제재소도 여럿 있었다. 강원도 산간 어디에도 질 좋은 목재와 땔감이 산재했던 때문이다. 특히 갱목이나 철로 침목으로 사용되는 재목들이 이곳에서 벌목되어 제재소로 옮겨진 다음 알맞은 크기와 굵기로 다듬어져 트럭에 실렸다. 그 때문에 도로에서 군용 트럭 다음으로 눈에 많이 띄는 것이 원목을 실은 일산 토요타와 미국산 GMC 낡은 트럭이다. 한국전쟁 때 징발되었다가 겨우 뼈대만 살아남아 어렵사리 자동차 구실을 하는 험상궂은 산판차가 부서질 듯 요란한 엔진음을 내며 지나가는 것을 볼 수 있는 곳이 이곳 남면이다.

"땅꾼들이 초등학교 다니는 어린 것들 꼬드겨 독사나 살모사 같은 뱀을 잡아오면 작은 놈은 5백 원, 큰 거는 천5백 원까지 쳐서 주니까 애들이 환장을 해서 방학 때면 뱀 잡느라 야단이었지. 그러다가 뱀한테 물려 고생하는 애들 숫하게 많았어."

신남리 면사무소 바로 앞이 집인 최돈선 시인이 부평리 유목정길을 바라보며 말했다. 그는 손수 승용차를 운전해 물에 잠기기 전 부평초등학교가 있던 곳으로 필자를 안내했다.

법으로 경작을 금지토록 돼 있지만 물에 잠기면 그만이고 아니면 수확을 해서 재미보고 하는 식으로 농사를 짓는다고 했다. 채 거두지 못하고 그 자리에서 마른 몸으로 바람에 떨고 있는 옥수수밭을 지나 물가가 내다보이는 버덩으로 들어섰다.

"이곳에 있던 부평학교는 지금 국도변으로 옮겨 나갔지. 한때는 인제군에서 제일 큰 학교였어. 이 시골 동네에 글쎄 24 학급을 유지하던 학교가 있었다니, 그 당시 마을 인구를 짐작할 것 아닌가?"

그만큼 번창하던 부평리가 물에 잠긴 것은 73년 장마가 지나간 9월쯤이었다고 최 시인은 회상했다. 보상금을 많이 받은 마을 주민들 중에 몇몇은 멀리 춘천이나 홍천 같은 큰 도시로 떠났고, 보상금도 적게 나오고 배운 게 농사짓는 것 밖에 모르는 농투성이들은 물가에서 산중턱으로 움막집 같은 것을 짓고 옮겨 앉아 화전 비슷하게 농사를 지으며 연명했는데 그런 곳이 바로 저기라며 겨울 한철 빙어 낚시판과 축제가 열리는 물가를 가리켰다.

30여 가구가 신남휴게소에 이르는 초동에서부터 빙어 축제장으로 이어지는 물가 양지바른 둔덕으로 옹기종기 모여 있었다. 살아남은 부평리였다. 새로 생긴 신작로 옆으로는 원주민들의 땅을 헐값에 매입해 늘어나는 관광객들을 상대로 하는 토속음식점이나 휴게실을 열고 있어 상업지구로 변신해 있었다.

3.8휴게소나 선착장에 나가보면 물에 잠긴 관대리 일대를 볼 수 있을 것이라 하여 자리를 옮겼다. 한때 유람선이 닿던 도선장은 한창 영화 촬영 중이어서 접근을 막고 있었다. 호수 건너편이 구만리요 지난 가을에 개통한 멋쟁이 다리 인제38대교 사이가 한국군 3군단과 미 19군단이 주둔해 있던 자리라고 말했

다.

"미19군단은 댐 공사 착공 직전 3군단에 앞서 경기도 어딘가로 이동했고, 3군단은 알다시피 기린면 현리 지금의 자리로 옮겼지."

미군부대와 한국군 부대가 함께 주둔하고 있을 때의 관대리와 부평리가 가장 인구수도 많고 상경기도 좋았다고 했다. 식자층은 오히려 미군들이 백주대로에서 양공주들과 키스를 일삼고 방을 빌려 매음행위를 노골적으로 해서 풍기문란을 걱정했다고 술회했다. 마을 유지들은 하루 속히 미군들이 인제 땅을 벗어나기만 기다렸을 터였다. 그 미군부대와 육군항공대가 자리잡고 있던 소양호를 내려다보며 관대리 옛 주민들이 주거하고 있는 마을로 가기 위해 최근 개통된 새 38대교를 건넜다.

눈에 먼저 들어 온 것은 이른바 돈 많은 서울(?)사람들로 추정되는 외지인들이 지은 별장식 건물이 몇 채였다. 그 사이사이 목축업으로 전환했다는 원주민들의 개량형 주택들이 보였다. 20여 호 남짓하다고 최 시인은 말했다.

"마을을 떠나지 않고 궁여지책으로 이곳 강마을 끝자락으로 밀려난 사람들이 모여 사는 곳인데 이제는 정부 돈 융자받아 젖소를 키워 부농이 된 마을로 변했지."

주 소득원이 젖소 사육이라고 했다.

"잡종강세란 말 있지? 흑인병사와 한국여자 사이에서 생산된 트기 중에 한 녀석이 우리학교 학생이었는데 아주 운동을 잘했어. 핸드볼 선수였는데 그놈이 참가하는 경기마다 우승을 따와서 그 혼혈아가 선생님들로부터 귀염을 많이 받았던 기억이 나네."

당시 부평초등학교에 첫발령을 받아 근무했던 최양대 선생(북산면 내평초등학교 총동창회장)과 동행하는 자리에서 내평리 사연을 화제로 떠올렸었다.

당시에는 흔히 목격할 수 있는 동네 풍모 중에 하나가 혼혈아들이라고 지적했다. 지금이야 다문화가정을 보호하고 함께 어울리는 시대가 됐지만 시골 마을에서는 매우 어색한 모습이었을 터였다. 그런 곳이 인제군 남면이었다.

"신성일이가 주연으로 나오는 영화「들국화는 피었는데」던가? 육이오를 배경으로 삼은 전쟁영화였는데 남면 주민들도 모자라 읍내 사람들까지 엑스트라로 동원돼 장관이었지. 보따리를 머리에 이고지고, 우마차를 끌고… 그때 우마차 가지고 나온 사람들이 출연료 제일 많이 받았을 거야."

이만희 감독, 신성일 주연의「들국화는 피었는데」하면 풀밭에 엎어진 녹쓴 철모가 머리에 떠올랐다. 글쎄, 이곳에서 촬영한 또 하나의 작품「증언」이란 영화의 한 장면에서 잡초에 뒹구는 철모를 보았던가, 필자도 머리가 뒤숭숭해졌다. 영화 찍는 것이 화제로 떠오르자 조금 전 배터에서 을씨년스럽게 촬영하던 장면이 살아나 피식 웃었다. 인제 신남은 예나 지금이나 영화 촬영 장소로 캐스팅되니 인연이 깊다고 생각했다.

지금이나 예나 변한 것이 없다면 노는 땅을 일궈 콩이나 차조, 들깨 따위 잡곡을 심고 거둬 시장에 내다 팔아 수입을 얻는 일이라고 했다. 요즘은 대처 사람들이 웰빙과 건강 먼저 생각하는 바람에 치커리나 인진쑥 같은 약초를 재배하여 소득을 올리고 있다고 했다. 돈푼깨나 있는 도시 사람을 단골로 삼아 늦여름에서 가을 동안 송이와 산약초를 캐어다 돈푼을 만지는 재미도 괜찮다고 했다.

변한 것은 바닷가로 나가는 관광객과 설악산을 찾는 등산객, 여행자들을 상대로 호숫가 도로변 휴게소나 매점을 짓고 토산물 판매, 잡어매운탕, 횟집이 즐비하게 늘어나 새로운 상업지대를 형성하고 있는 모습이다. 휴게소나 상점이 들어선 그 주변의 부동산 값이 꽤 올라 도심 사람들을 유혹하고 있는 점도 특이하다.

수산리 사람들은 평생 농사만 짓다가 요즘은 낚시꾼들 때문에 어촌마을로 변형되어 이른바 관광농업이 주 소득원이 되고 있다고 했다.

물속에 잠긴 북산면 내평리 일대

최양대 교장과 오항리 북산면 면사무소 앞을 지나 내평리로 차를 몰았다. 오항리 배터로 가는 길에서 갈라져 고개를 내려가기 시작했다. 옛날에는 먼지가 풀풀나던 비포장도로였을 터인데 지금은 산간 오지마을에도 포장이 잘 되어 있어 시대가 많이 변한 것을 느낄 수 있다. 고개를 넘자 몇 채 되지 않는 마을을 가리키며 그가 말했다.

"여기가 임진왜란 때 백 사람이 피난해 마을을 개척한 곳이라 하여 백민터로 불리는 마을이고, 조 아래 큰 당산나무 보이지, 저기가 서낭당이 있던 곳이라 하여 당골이란 마을이야. 유일하게도 소양호가 생기면서 여기 두 곳만 남고 모두 물에 잠겼어. 내평리가."

감회가 새로운지 그의 얼굴이 상기되고 있었다. 최 교장 집터가 어디였냐고 물으려는데 그가 먼저 말했다.

"바로 이 물길을 따라 내려가다 보면 저 산모롱이 보이지. 그 아래쯤이 우리집이 있던 곳일세. 시내로 나온다며 어물어물 미루다가 그해 여름에 물난리에 집이 잠기는 통에 그냥 식구들 몸만 빠져나왔지. 그 바람에 중고등학교 앨범이랑 추억거리가 될 만한 것들은 몽땅 강물에 수장하고 나온 꼴이 됐어."

1972년 소양호가 담수되기 시작할 무렵 보상금 받아 가지고 시내 학곡리로 삶의 터전을 옮겼던 권혁복 씨가 요즘은 소일거리 삼아 이곳 백민터 산시슭에 산막 치고 토종닭이나 산채나물 무쳐 팔며 한철 지내려고 한창 바쁜 모습으로 최 교장을 맞았다.

면사무소와 지서, 웅봉도유림사무소 같은 면 단위 관서가 있던 곳이 바로 저 소나무 서너 그루 버티고 서 있는 작은 섬 같은 산등성이 아래라고 손가락을 얹어 말했다. 실제로 여름철에는 물이 불어 가운데가 섬처럼 보인다고 했다. 고향 사람들 생각이 나면 저 소나무 등성이에 올라 물밑을 바라보는 게 요즘 취미라고 했다.

"그때 우리집은 덩치가 컸죠. 잘 기억이 나지는 않지만 아마 5백만 원쯤 받았을 거에요. 우리 부친은 저 형님도 잘 알다시피 객기가 많은 분이셨죠. 보상금이 턱없이 적게 나오자 시위쪼로 쓸만한 기둥과 구들장까지 파헤쳐 차에 실었어요. 구들장까지 합쳐 이삿짐이 대한통운 일곱 대 분량이었으니까요. 이삿짐을 실은 대한통운이 곧장 충북 진천으로 달려갔죠. 옮겨 가서 그럴싸하게 집은 세웠지만 그건 순전히 우리 아버지 객기였어요."

그렇게 보상금이 턱없이 비현실적으로 지급되자 울분을 토로한 사람들이 적지 않았다고 했다. 요즘 같았으면 울고불고 난리법석을 떨었겠지만 그 당시만 해도 집단시위가 엄격하게 제한되던 3공 시절이라고 회상했다.

"가진 땅이 있어서 보상금을 비교적 많이 받은 사람들은 무슨 사업을 합네 하고 시내로 나갔다가 거의 탕진한 사람들이 많고 얼마 되지 않는 보상금을 받은 사람들은 겨우겨우 마을 꼭대기로 나앉아 농지를 개간해서 이제는 남부럽지 않게 정착한 사람들도 있어요."

그런 사람들 중에는 허리띠 졸라매고 자식들 공부시킨 사람들이 나중에 빛을 보았다고 덧붙였다. 내평리가 물에 잠기자 전국 각지로 흩어지다시피 했다. 내평리 수몰 이주민들 반 정도는 소양댐 아래 신북면 천전리로 옮겨 앉은 사람들일 것이라고 그는 말했다.

내평양조장은 중앙양조장이란 이름으로 춘천으로 자리를 옮기고, 시내로 나가 자전포를 연 사람, 음식점 차렸다가 망한 사람, 공장근로자로 나갔다는 소리는 들었는데 소식이 감감하다는 사람, 최 교장은 공부해서 공무원이 되었거나 지역 일꾼이 된 내평 출신들도 여럿 거명했다.

내평리와 물노리를 연결해 주던 북산면의 명물, 사다리 형태로 교각을 세운 출렁다리는 수장되어 지금 어떤 모습일까, 두 사람의 시선이 깊어지는 모습을 바라보며 필자는 방금 전에 건네받은 권혁복 씨의 명함을 꺼내보았다. 이름 석 자 뒤에 어렴풋하게 내평리 그 유명한 출렁다리 그림이 새겨져 있었다. 그의 망향가를 훔쳐보는 것 같아 가슴이 아렸다.

"도유림사무소가 있을 정도였으니 임업이 성행했을 터이고, 조교리 물노리 품안리가 모두 벌목하던 산판이었거든. 화전 일궈먹던 비탈밭에 뽕나무 심어 누에고치 키우면 봄 가을 소양1교 건너에 있던 동양방직 사람들이 와서 수매해갔지. 잠농 철 때는 장터가 시끌버끌했어. 주막을 겸한 막국수집 세 곳이 모두 성업이 될 정도로 번창했었으니까."

구배마다 이제는 낚시터로 변한 소양호 강변의 대표적인 낚시마을 중에 하나가 청평리 산막골이 아닐까. 한국화 그리는 우안 최영식 회백의 작업실이 있는 마을에는 토박이가 거주하는 집은 두어 채밖에 없고 모두 낚시하러 들어왔다가 눌러 앉은 사람들이 주류를 이루고 있다. 추곡리도 그렇고 조교리, 물노리도 수인리도 모두 호숫가에 상점을 차리고 낚시꾼들을 상대로 여름 한철 수익을 올려 생계를 꾸려가고 있는 형편이다. 소양호 선착장에 매어 있는 배들도 낚시꾼들을 기다리기는 매한가지일 터이다. 소양강이 호수로 변해 가장 소득을 올리고 인기 절정인 곳이 청평골, 오봉산과 청평사를 찾는 관광객이 꼬리를 잇기 때문이다.

내평리 출신으로 마을이 수몰되자 고향을 떠나지 못하고 궁리 끝에 청평골 옆에 소양관광농원을 만들고 문화사업을 하는 최인규 씨를 한번 찾아가보라던 노화남 선배의 말을 떠올리며 내평리 고개를 다시 올랐다. 소양호가 점점 어둠에 잠기고 있었다.

강나루 주막거리

강변 나루터에 있던 주막을 찾아서

장이 열리거나 역驛이 있던 곳이면 어김없이 주막이 들어섰다. 배를 대기 좋은 신연진이나 옥산포 같은 나루터(津과 浦)에도 주막이 들어섰다. 사람들과 물산이 집결하는 장소이기 때문이다. 주막거리에는 어김없이 장이 서고 사람들이 모여들어 소식을 전하고 필요한 물건들이 거래되었다. 주막거리는 그래서 우리들 귀에 주막장터라는 이름으로 더 선명하게 부각된다.

필자에게 주어진 글제는 백년도 안 된 북한강 물줄기에 남아 있던 주막집 풍광을 그릴 듯하게 써 달라는 주문이었다. 주막집 풍경과 함께 남아있을 꽤 흥미있는 화제거리를 찾으려면 어쩔 수 없이 화천에서 춘천을 거쳐 경기도 가평에 이르까지 북한강 물길에 있던 나루터이거나 인제 합강에서 춘천에 이르는 소양강변에 남아있는 주막터 흔적을 찾아야 했다.

춘천 지역의 역사와 문화예술, 민속 등 이른바 향토사에 관한 문헌자료들은 많으나 꼭 필요한 것이 있어 찾아보면 두어 줄 간소하게 취급된 것뿐이다. 이번에도 그렇다. 역과 원이 있던 터나 그 부근에 있었을 법한 주막집과 장터에 대한 기록은 물론 북한강이나 소양강변에 있었던 나루터에 대한 기록이 전혀 없는 터여서 원고청탁을 받아놓고 한때 난감했었음을 밝혀둔다.

따져보면 북한강이나 소양강 줄기를 막아 댐을 건설하는 통에 사람들이 거주하던 마을과 장터, 아이들이 다니던 학교와 출장소 파출소 같은 관공서가 모두 물 속에 잠겨버린 마당에 나루터가 남아 있을 리가 없을 터였다. 나루터를 찾던 장사꾼이나 나그네들이 머물렀을 주막집터는 물론 주막집에 얽힌 일화들도 나루터와 함께 빠른 속도로 잊혀져갔을 것이다. 궁리 끝에 <우리의 소슬뫼를 찾아서>를 집필하기 위해 여러 해 향토사를 연구한 이무상 시인에게 전화를 걸었다.

북한강수계의 강변 나루터 곳곳에 주막집이 들어섰던 흔적을 찾아보기 위해서는 강물이 댐으로 막히기 전인 1944년 이전으로 거슬러 올라가야 할 것이다(청평댐 1943년, 화천댐 1944년 완공). 강상(江商/수로를 이용해 장사를 하던 상행위)이 한창 활발했던 시절을 살펴보려 해도 경춘선이 개통되기 전(1939년)으로 거슬러 올라가야 했다. 궁여지책이었지만 필자의 출생은 1945년 8.15 광복 이후였고 이무상 시인은 훨씬 그 이전이었기 때문에 눈으로 직접 보거나 어른들로부터 귀동냥해 들은 내용이 남아 있을 것이란 판단을 했다.

이무상 시인은 대뜸 춘천읍내에서 가장 가까운 '옥산포' 를 거명했다. 그 다음 지명이 '신연진' 이요 '모진' 과 '도짓골(도지거리)' 를 떠올렸다. 선배님에게 무리한 주문이기긴 하지만 다급하면 용감해진다고, 나루터와 그 나루터 가까운 곳에 남아 있을 법한 주막터 흔적이라도 좀 알아봐 달라고 떼를 쓰듯 부탁을 했다. 춘천의 몇몇 문화예술인들로 구성된 '문소회' 월례 모임이 있는 날 만나자는 약속을 하고 송수화기를 내려놓았다(이무상 시인은 아직도 휴대폰을 사용하지 않음).

연전에 필자가 <춘천지역 하천의 인문환경>이란 보고서를 쓰기 위해 참고했던 여러 자료들을 추적했다. <강원도사>, <춘주지>, 강원 영서지역을 한눈에 살펴볼 수 있는 지도와 인터넷 검색 결과 등 몇몇 자료들을 통해 북한강과 소양강 물줄기에 있었다고 짐작되는 포浦와 진津을 찾아나갔다.

<신증동국여지승람> 산천조에 수로水路의 포와 진은 춘천의 모진과 신연진을 비롯해 한강수계에 17개 있었다고 기록은 전하고 있다. 문소회 월례회 때 이무상 시인이 조사해 온 자료와 <신증동국여지승람>에 전하는 기록을 취합해 보니 아주 낯선 지명 몇 개가 눈에 띄었다. 인제의 주연진舟淵津, 낭천의 남진南津과 대리진大利津이었다. 앞에서 언급한 17개 포진 외에도 동궁 건축용 목재와 사기의 원료인 고령토를 수로를 이용해 경창

京倉까지 운송했는데 북한강수계의 함춘含春나루와 소양강의 진목정津木亭, 수인水仁나루가 이용되었다고 한다. 즉석에서 문소회 회원들과 논의한 결과 진목정과 수인나루는 춘천-양구 간 46번 국도상에 있는 지금의 웅진리와 수인리로 밝혀졌다. 그러나 인제의 주연진과 화천의 남진, 대리진은 더 조사를 해 보자는 결론만 내렸을 뿐이다.

이무상 시인이 만들어 온 개념도에는 북한강을 가로막은 춘천댐 '모진母津'이 있던 곳으로 표시했다. 위도(고슴도치섬)를 건너던 배터를 '옥산포'라 하고 인형극장 아래 육림공원을 경계로 하는 강변을 '오미나루'라고 했다. 북한강과 소양강이 만나 거대 호수를 이룬 의암호 건너 금산초등학교 앞 강변을 '눈늪나루', 그 아래 면사무소와 농협 건물이 들어선 장터마을은 '중나루', 송암스포츠타운 조정경기장이 들어선 강변을 '여나드리' 나루로 밝히고 있다. 소양강댐 바로 아랫동네가 뗏목아리랑 노랫말에서도 등장하는 '도짓골'이고 그 아래 세월교 건너, 춘천 사람들에게는 동면 솔밭으로 통하는 곳에 '워나리'라는 나루터가 있었다고 이무상 시인은 말했다.

포와 진을 토박이말로 '나루'라고 부르는데 그런 지명이 어디 이뿐이겠는가. 금강산 기슭이나 설악산 골짜기에서 사람깨나 북적거리며 사는 제법 버덩 넓은 여러 고을을 거쳐 서울 광진이나 노량진, 마포에 이르기까지 강과 지류가 만나고 합치는 지점이거나 나들목에 수없이 많은 나루가 있었을 것이다. 나루터에는 주막 한두 채 정도 오가는 짐꾼과 나그네를 맞이하기 위해 국솥에 불을 지피고 있었을 터였다.

사람들이 꼬이고 물산이 집산되면 허기진 나그네를 위해 밥집이 들어서거나 여독을 풀기 위해 술집이 생기고 음식상과 술상 보는 주모가 등장했을 것은 자연스런 발상. 그리하여 필자는 거듭 밝히거니와 주막이 있는 곳에 나루가 있고 나루를 찾는 사람들이 많을수록 그럴듯한 주막집이 자연스레 늘어났을 것이란 전제로 먼저 나루터 찾기에 부심했음을 말한다.

강상江商의 등장과 시장의 발달

북한강은 금강산 옥전봉에서 발원하여 회양의 금강천, 김화의 금성천, 화천에서 낭천이란 이름으로 흐르다가 춘천에 이르러 소양강과 합수한다. 인제 서화면 무산과 설악산 북천, 계방산 내린천에서 발원한 물줄기는 인제 합강에서 만나 소양강이란 이름을 얻어 춘천에 이르게 된다. 춘천에서 소양강과 합류한 북한강은 경기도를 지나며 가평천과 조종천, 홍천강을 합수하여 더욱 도도한 모습으로 흐르다가 양평 두물머리에서 남한강과 합류하여 한강이란 이름으로 서울 한복판을 지나게 된다.

잠시 조선시대 수운활동을 살펴보기로 한다. 조선 후기 수상교통 가운데 세금을 미곡이나 포목, 특산품 같은 현물을 거두어들이기 위해 발달된 제도인 조운漕運과 해운海運 두 가지가 있었다. 바다와 강을 이용해 물자를 운반하는 방법은 육로를 이용하는 것보다 훨씬 편리하고 대량운송이 가능했기 때문에 한강이나 낙동강, 금강은 일찍이 수상교통이 발달하였다.

짐꾼들에 의해 육로로 운반된 세곡은 한강수계의 경우 춘천의 소양강창이나 원주의 흥원창에 일단 집결되었다가 목표량이 차면 선박에 옮겨 실어 서울京倉로 운송되었다. 궁궐 축조 등에 사용될 목재나 대갓집에 상납하는 땔감 따위는 정선 아우라지에서 뗏목으로 묶여 동강–단양–충주–여강 등 남한강 수로를 통해 서울로 운송되고, 내린천과 북천, 서화천이 합류하는 합강에서 엮은 뗏목은 소양강과 북한강 수로를 이용해 서울로 운송되었다고 기록은 전한다. 한때 대대적으로 조선사업을 벌이면서 원주 흥원창과 가평현 앞에 조선소를 설치하고 인제 양구 영월 정선 등에 소금 200석을 운수하여 목재를 구입토록 한 일도 있었다고 한다.

경춘선 열차가 서울을 오가기 전까지만 해도 수로를 이용해 장사를 하던 강상江商도 활발했었다. 적어도 청평댐이 북한강 물길을 가로막기 전만 해도 그랬다. 상강들은 정선이나 영월, 인제나 화천 등지 한강 상류에서 버섯 꿀 약초 숯 따위 토산품들을 대량으로 싸게 사들인 다음 배에 싣고 마포나 서강으로 내려가 서울 상인들에게 높은 가격으로 팔아 크게 이문을 남겼다. 강상들이 다시 한강 상류로 올라올 때는 장신구나 화장품 같은 여성용품과 소금이나 생선 비단 같은 생필품을 싣고 양평이나 가평에 이르면 그 값이 세 배로 뛰었다고 한다. 한창 수운 상업이 활발할 때에는 서울을 드나드는 선박이 1백여 척에 달했다고 한다.

옛날이나 지금이나 사람과 산물들이 모이는 곳은 서울이다. 경상도 두메산골에서 글줄깨나 읽다가 청운의 큰뜻을 품고 길을 떠나던 시골 선비의 도착점은 과거시험을 보는 서울이었고, 강원도 벽촌 영월 정선이나 양구 인제 같은 산골에서 목돈 좀 마련하려고 뗏목 묶어 물살 거센 동강 된꼬까리 황새여울 지나 보름여 만에 광나루, 마포에 도착하는 곳도 서울이었다. 봇짐을 등에 진 장사꾼이든 지필묵을 등에 멘 선비든, 파발을 지니고 지방에 행차하던 이방 나리가 원이나 역에 머물던 주막거리에 장터가 생기고 제법 사람들이 사는 고을에는 상설시장이 들어서면서 상업이 활발해졌음은 주지하고 있는 바이다.

그들이 고단한 발걸음으로 찾아와 머물던 주막에 장터가 생기면서 사람들은 물건만 사고판 것이 아니라 인정을 나누고 사랑도 나누며 세상 변해가는 소식도 챙겼다.

서울에서 인천으로 길 떠나는 중간지점 오류와 소사에 주막들이 즐비했다는 기록이 전한다. 세간에 잘 알려져 일삼아 찾아가는 문경새재의 조령원이나 동화원이 바로 충청도에서 경상도로 넘나들며 나그네들이 쉬어가던 주막터였다. 경기도에서 충청도로 넘어가는 사통오달 천안삼거리도 그렇고 경상도와 전라도를 이어주던 섬진강 화개장터 주막거리도 우리들의 귀에 익숙하다. 낙동강 칠백리길 표지석이 세워진 삼강 주막집은 또 어떨까. 경북 상주나 예천, 문경쯤 가면 입에 침이 마를 새 없이 삼강나루터를 한번 꼭 다녀가라고 주문한다. 한지와 죽산물의 집산지로 유명한 완주 장터의 주막거리도 유명했었다고 전한다.

주막집에 남아 있는 몹쓸 사랑 이야기와 강촌별곡

장마가 끝나고 며칠 거센 물살이 빠지기를 기다려 뗏목을 띄웠다. 봄철 농한기에 벌채해 두었던 건축용 목재였다. 화주는 이름을 대면 금방 알 만한 인물이었다. 아침 물안개 피어오르는 합강 나루를 빠져나온 뗏목은 한나절도 되기 전에 가로리와 관대리를 휘돌아 부평리 강마을을 바라보며 잠시 휴식을 취한다.

물살 거세기로 유명한 금바리여울을 빠져나오느라 흘린 비지땀이 등을 후줄근하게 적셨다. 인제 가면 언제 오나 원통해서 못살겠네…를 주절거리며 한나절 스쳐온 산천을 뒤돌아본다. 처자식이 있는 고향땅 인제 합강을 떠나면 광나루까지 열흘이나 열하루 정도 걸릴 터였다. 뗏목을 해체하고 노잣돈을 마련코자 송이와 능이 따위 버섯종류, 약초 종류, 싸리철 밤철에 뜬 꿀 따위 몰래 숨겨 온 물건들을 주문한 대갓집 아전들에게 넘기고 이렁저렁 하다보면 보름을 훌쩍 넘겼다.

다시 기력을 회복하는 사이 등짐을 꾸렸다. 사람들이 북적대는 양평이나 가평 춘천읍내 장터를 기웃거리다 보면 등짐에 꾸려온 화장품이나 장신구 따위들이 없어서 못팔 정도로 인기가 좋았다. 도매꾼들은 떼꾼들이 귀향하며 등에 지고 온 물건들에 더욱 눈독을 들였다. 어떤 배포 큰 동료들은 두셋씩 짝을 이뤄 나귀를 한 마리 구입하는 패들도 있었다. 열흘이면 되돌아올 길을 넉넉잡고 두어 달 정도, 추석 때 당도할 시기에 맞춰서 마포와 노량진에 들려 주로 소금과 생선, 젓갈류들을 나귀 등에 잔뜩 싣고 식구들이 기다리는 고향을 향해 발길을 재촉했다. 마을과 마을을 거치는 주막집 순례에 들어간다.

주막의 역할은 주로 숙식제공이었다. 주로 국밥이 기본이었으나 국수로 끼니를 해결하는 서민들이 더 많았을 것이라고 했다. 물론 막걸리에 파전 같은 부침개 안주가 인기 좋았는데 중인 이상의 계층들은 도라지나 더덕 같은 산나물에 수육도 곁들였다고 했다. 주막은 숙식 뿐 아니라 가계 기능도 했다. 건국수, 마늘, 소금 같은 식재료와 짚신, 옷가지, 농기구, 씨앗 종류도 떼어다 팔았다고 했다. 요즘 말하는 외딴 시골 동네에 라면도 끓여주던 구멍가게로 생각하면 이해가 빠를 것이라고 이무상 시인은 말했다.

수구동 된여울을 거쳐 뗏목은 저물녘에 도짓골에 당도한다. 뗏목이 강변에 뱃머리를 대는 사이 몇몇 떼꾼들은 구성지게 아리랑을 불렀다. 샘밭장을 보고 뗏목이 들어온다는 소문을 듣고 찾아온 사람들과 토박이 마을 사람들로 도지거리는 북적거렸다. 신기한 물건이라도 싣고 오나 하고 나루터로 몰려나와 영접을 한다. 화장 짙게 한 작부들의 모습도 눈에 띄었다.

우수나 경칩에 물 풀리니/합강정 뗏목이 떠내려가네…. 도지거리 갈보야 술 거르게/보매기 여울에 떠내려가네//뗏목에 서방님이 좋다더니/포와리 신연강이 아직일세//앞사공 뒷사공 조심하세/포와리 물사품 치솟는다

장터 순례를 하며 목돈을 좀 마련한 나그네는 뗏목 타고 내려오며 눈여겨본 작부가 머물고 있는 강마을을 지나게 된다. 작부와 회포를 나누는 그림은 참 좋았다. 주막집 작부와 들며날며 놀다보니 추석이 지났고 허리에 찼던 두툼한 전대 속은 텅 비었다. 어느날 작부는 이불을 걷어내차며 냉랭한 얼굴로 나그네를 내쫓는다.

손이 발이 되도록 빌고빌어 나그네가 묵었던 주막집 부엌머슴으로 들어앉게 된다. 긴 겨울을 보낸 나그네는 한탄조로 중얼대며 하릴없이 눈물이나 찍어내는 신세가 된다. 병들고 지친 몸으로 고향을 찾을 수도 없고, 그렇게 주막집 부엌머슴으로 전전하다가 불귀의 몸이 된 나그네의 사연이 뗏꾼들과 강상들 사이에서 입에서 입으로 전해지면서 그가 불렀던 신세타령이 아리랑으로 발전되는 과정을 거친 하나의 사례가 되었을 것이라고 정선아라리를 연구하는 진용선 소장은 말했다.

주막집에 얽힌 몹쓸 사랑 이야기에 이어 이번에는 강마을 주

막에서 착상된 노랫말에 얽힌 사연을 알아보자.

경춘선 증기기관차가 잠시 머물렀다 떠나는 강촌역 철다리 아래에는 목재들이 산더미로 쌓여 있었다. 남산면 일대 산림에서 철로 받침목으로 쓰일 목재들을 벌목하여 강변 둔덕에서 다듬은 다음 서울로 운반하기 위해 대기 중이었다. 의암댐이 생기기 전만 해도 강촌 나루터에는 늘 벌목한 나무들로 어수선했고, 경춘선 열차가 개통되기 이전에는 목재들이 장마가 끝난 다음 뗏목으로 엮어서 광진(광나루)으로 운반되는 광경을 볼 수 있었다고 한다.

날 저문 강촌에는 무심한 물새들만 날고 있었다. 사공은 천천히 노를 저어 강마을에 배를 댄다. 나그네가 뱃사공에게 하룻밤 묵어갈 주막집을 물어본다. 그가 "날이 새면 물새들이 시름없이 나는" 으로 시작해서 "조용히 살고 파라 강촌에 살고 싶네." 로 끝나는 나훈아의 <강촌에 살고 싶네>를 작사한 김성휘 선생이다.

2005년 7월 강촌문화마당이 강촌 입구에다 석재로 만들어 세운 <강촌에 살고 싶네> 노래비에는 강촌의 정체성을 확인하는 글이 새겨져 있다. 한국가요협회 주선으로 김성휘 선생을 만나 나훈아가 부른 <강촌에 살고 싶네>의 '강촌' 이 강촌역이 통과하는 '강촌' 이라는 사실을 확인한 내용을 비롯해 작사자가 강촌을 배경으로 노랫말을 짓게 된 사연을 들었다.

1965년 좀 늦은 봄이었다. 춘천에서 일을 마치고 서울로 가던 중 산중턱에 외롭게 자리잡은 강촌역이 너무 아름답게 보여서 일단 북한강을 건너게 된다. 뱃사공이 일러준 허름한 주막집을 찾아간 김성휘 선생은 고단한 여장을 풀게 된다. 밤새 잠 못 이루고 뒤척이다가 문득 떠오르는 시상을 적어놓게 된다. 이것이 대표적인 국민 애창가요, 나훈아가 부른 <강촌에 살고 싶네>였다. 작사자가 묵었던 여인숙은 벌목 관계로 목상들이 자주 묵어갔던 주막집(주막에서 여인숙으로 넘어가는) 중에 하나였다.

춘천지역 하천의 인문환경

북한강과 소양강이 합류하는 춘천

북한강은 금강산 옥전봉에서 발원한다. 옥전봉을 흘러내린 여울은 회양군 안풍면 화천리를 지나며 금강천이란 이름을 얻게 된다. 내소대를 거친 금강천은 이내 금성천을 합수하고 이윽고 우리가 흔히 말하는 금강산댐인 인남댐에 다다른다. 강줄기는 곧바로 중무장한 휴전선을 통과한 다음 남방한계선을 타고 흐르다가 황쏘가리 서식로 알려진 오작교를 지나고 평화의 댐에 이르러 그 도도한 모습을 드러낸다. 곧이어 양구 방산 수입천에서 흘러나온 지류와 만나 파라호에 당도한다. 화천발전소 터빈을 한바탕 숨가쁘게 휘돌아나온 거대한 강물은 낭천(狼川=화천의 옛 이름)을 지나 춘천댐에 도착하는 사이 여러 지류와 합수하는 과정을 거쳐 수심 깊은 춘천호를 이룬다. 춘천댐을 지나면서 옛날에는 한때 모진강母津江이라고 부르던 물길을 따라 고슴도치섬을 사이에 두고 두 갈래로 나뉘어 흐르다가 이내 춘천을 호반도시로 만든 거대한 의암호에서 소양강과 합수한다.

소양강은 내설악 깊은 계곡에서 발원한다. 백담사를 지난 백담천이 인제 서화 무산에서 물길을 튼 서화천을 만나 북천이 되고 홍천 내면 명개리 합수곡을 지나면서 여러 개울을 합치고 만나 제법 품을 넓힌 내린천이 유속을 빨리 하다가 북천을 만나며 인제읍내에 이르러 합강이란 이름을 얻게 된다. 겨울이면 빙어 축제로 유명한 신남 버덩을 지나고 한때 쾌룡호가 유람객들을 실어나르며 물길을 가르던 소양강 선착장 가까이에 이르러 그 위용을 과시하며 동양 최대를 자랑하는 소양강다목적댐을 바라보게 된다. 청평사로 들어가는 유램선과 낚시배들이 그림처럼 떠다니는 이른바 소양호에 다다른 것이다. 소양강댐 취수관을 거친 소양강은 봉의산 산그림자를 담고 소양1교와 2교를 지난 다음에야 금강산에서 발원하여 도도히 흘러온 북한강과 합류한다.

강을 가로막는 거대한 댐과 발전소, 중무장한 휴전선을 숨박꼭질하듯 돌아나온 북한강을 서사시에 비유한다면 소양강은 멋진 휴게소와 낚시터와 그림 같은 마을을 스치며 속살거리듯 흘러와 북한강에 안기므로 서정시다. 서사와 서정이 합수하는 춘천 의암호는 그러므로 남북분단의 아픔을 안고 흘러온 북한강과 통일을 염원하듯 중얼거리며 달려온 소양강이 만나는 화합의 무대요 평화와 자유를 갈망하는 호수가 된다.

소양강을 품은 북한강은 의암댐을 지나고 경기도를 지나며 가평천(조종천)과 화양강(홍천강)을 흡수하여 양평 두물머리(양수리)에 이르러 남한강과 합류하게 된다.

북한강은 선비들의 은거지였다.

영조 때 이중환은 그의 저서 '택리지擇里志'에서 소양강을 낀 우두벌을 전국에서 두 번째로 살기 좋은 고을이라고 평가했다.

"강을 낀 고을 중에 가장 살 만한 곳이 평양의 외성이고 그 다음이 춘천의 우두촌이다. 세 번째는 여주읍이다."

북한강과 소양강이 만나는 우두벌판은 일찍이 농경문화가 정착할 수 있었던 훌륭한 조건을 갖추고 있었음이 여러 문헌을 통해 입증되고 있고, 6.25 한국전쟁 때에는 소양강을 사이에 두고 봉의산에서 우리 국군이 적의 도강을 막고 지연작전을 펼치기도 하여 지형적으로 전술적 가치를 확보하고 있다.

조선 고종 때는 강을 끼고 있는 봉의산 아래(지금의 도청 자리 옆)가 전란이나 반란 등 유사시 임금의 피난처인 행궁行宮이 들어서기도 했었다. 행궁이 있던 터라 한성부의 직할이었고 그런 연유로 광복 이후 강원도의 수부도시가 되기도 한다.

그러나 경제개발계획의 하나로 60년대와 70년대에 춘천댐과 의암댐, 소양강다목적댐이 차례로 건설되면서 고향이 물속에 잠기는 실향민이 발생했다. 춘천댐(61년 착공, 65년 완공)의 경우 5300여 명의 수몰 이주민이 고향을 떠났고, 의암댐(62년 착공, 67년 완공)은 5천여 명의 수몰이주민이, 소양강댐(67년 착공, 73년 완공)의 경우 담수가 시작되면서 가장 많은 3천1백여 가구 2만여 명이 마을과 학교와 정든 고향을 물속에 수장하고 새로운 삶의 터전을 찾아 떠났다. 조국근대화에 이바지하며 전력생산과 용수 확보, 홍수 예방 같은 긍적적인 측면도 있으나 반면 민물고기의 이동통로를 차단하는 등 생태계 교란과 수질과 환경을 오염시키는 부작용도 뒤따랐다. 수몰 이주민들이 고향을 떠난 강 유역에는 외자가 투입되면서 독특한 호수문화와 주거형태가 자리잡기에 이르렀다.

고려 선종 때 유학자 이자현 선생은 북한강 상류 청평산(지금의 오봉산)에 들어가 문수원이란 정사를 짓고 학문에 전념하여 후대 사람들이 그를 청평거사라 불렀다.

조선 후기에는 여러 선비들이 벼슬생활을 하다가 정세가 불안해지자 북한강 상류인 가평과 춘천 근교에 은거지를 삼고 시문을 즐겼다는 기록이 전한다. 상촌 신흠은 서면에 유배되어 '상촌집' 같은 훌륭한 문집을 남기는 계기가 된다. 화천 사내면 삼일리에 곡운정사(나중에 장소 옮겨 화음동정사를 조성함) 짓고 은거한 김수증과 그의 조카 김창흡도 학문을 승화시키는 계기를 만들었고, 춘천부사로 부임했던 신위를 비롯해 이익, 강위

등도 소양강과 북한강을 유람하고 시문을 남기기도 했다.

삼국사기에 고조선의 중심을 흐르는 강을 열수라고 했다. 다산 정약용 선생은 그 열수가 다름 아닌 한강임을 밝히고 한강 수로지인 '산수심원기'를 비롯해 19년간의 유배생활에서 풀려난 뒤(59세 때) 그의 고향 소내(양평군 와부읍 능내리)에서 북한강에 배를 띄워 춘천 일대를 유람하고 소양정에 올라 우두벌을 내려다보며 '소양강 회고'라는 시를 지었다. 북한강과 소양강를 유람한 기행문 '산행일기'도 전한다.

물은 곧 생명이요 화합이므로 평화를 갈망한다. 평화를 갈망하는 춘천의 시인들이 호반도시 물을 상징화하여 88년도에 '수향시낭송회'를 조직하고 한 달에 한 번씩 시 낭송 모임을 가지고 있다. 2백20회를 넘긴 수향시는 근자에 이르러 서울의 '우리시' 삼척의 '두타시' 속초의 '물소리시낭송회' 등과 함께 소양강댐 정상에 개관한 물문화관에서 '물사랑시낭송회'를 열고 있어 문화예술인들의 주목을 받고 있다.

강물은 또 생생한 역사의 현장이기도 하다. 우리 고장 역사와 문화의 발자취를 이어가기 위해 춘천문화원 주관으로 매년 향토문화 축제인 소양강문화제가 의암공원 일대에서 열리고 있다.

합강에서 띄운 뗏목이 뚝섬에 멎다.

1943년 청평댐이 북한강을 가로막기 전까지만 해도 인제 합강에서 춘천 가평을 경유하여 마포와 서강나루까지 뱃길이 열려 있었다. 대량의 물자수송은 벌써부터 경인선 경춘선 등이 개통되면서 화물열차에게 주도권을 넘긴 뒤이긴 했다. 그러나 미미하게나마 수운상업이 존재해 있었다는 기록이 '강원도사 역사편(95.3.20/강원도 발간)에 전한다.

조세로 징수한 미곡과 포목 등은 나룻배로 운반해 주로 용산이나 서강진에 짐을 부렸다. 궁전과 도성 축조에 필요한 목재와 양반집 땔감에 필요한 대량 수송 물자는 뗏목이 담당했고 주로 뚝섬에서 짐을 부렸다. 수로를 이용해 장사를 하던 상행위를 강상江商이라 불렀다. 강상들은 상류에서 토산품이나 숯, 약초 따위를 싣고 마포로 내려갔다. 나룻배가 다시 돌아올 때는 소금이나 생선, 장신구, 비단 같은 생필품을 싣고 양평이나 가평에 이르면 그 값이 세 배로 뛰었다고 한다.

춘천의 도짓골, 모진, 신영진을 포함해 서울의 마포에 이르기까지 40여 개의 나루터가 있었고 나루터가 있는 곳에 장이 서고 장터에는 주막집이 늘었다. 수운상업이 한창일 때는 한양으로 드나드는 선박이 하루 평균 1백여 척에 달했다고 전한다.

합강에서 소양강창을 거쳐 서울의 용산, 마포 등 경창까지 소요되는 시간은 길게 잡아 보름이 걸렸고 뗏목꾼들이 불렀던 아리랑은 구전되어 지금까지 전송되고 있다. 소양댐 아랫동네 도지골이나 덕두원 신영진을 지나면서 뗏목꾼들이 불렀던 아리랑 중에서는 이런 대목도 나온다.

우수나 경칩에 물 풀리니/합강정 뗏목이 떠내려 가네.
쾌괭이 포와리 다 지나니/덕두원 썩쟁이 날 반기네.
뗏목을 타고서 하강을 하니/광나루 건달이 손짓만 하네.

북한강에 유입되는 소하천의 인문환경

공지천

[발원지] 공지천孔之川은 춘천을 한눈에 내려다보고 있는 대룡산에서 발원한다. 동내면 사암리와 신촌리, 학곡리의 여러 지류가 합쳐 고은리 한방병원과 교도소 사이 태백교 아래에서 신촌천과 학곡천이 합류하면서 공지천이란 이름표를 얻게 된다. 폭을 넓히고 제법 하천의 틀을 잡은 물줄기는 거두교 아래에서 거두천과 만나고 이어서 석사교를 지나 퇴계천을 만나면서 춘천시민들의 품으로 흐르는 하천이 된다. 약사천을 합수한 공지천은 의암공원 야외음악당 앞에서 북한강 과 합수되어 의암호를 이룬다.

공지천이란 어원은 신촌리 개울을 낀 마을 이름에서 유래한다. 동네 이름이 곰실이었다. 곰실 앞을 흐르는 개천이라 하여 곰실+내>곰실내로 되었고 곰실내가 음운 변천을 하여 곰실내>곰짓내로 바뀌었다. 우리말로 불리던 정겨운 곰짓내가 37년 무렵 일본 총독부의 의도적으로인 행정개혁을 단행하면서 샘밭이 천전리가 되듯 곰짓내를 비슷한 한자의 소리음을 따서 공지천孔之川으로 명명하게 되었고 그 이름이 오늘에 이르고 있다.

[지명에 얽힌 속설] 공지천을 끼고 일찍이 마을이 형성되었다. 마을이 형성되면서 믿거나 말거나 하는 전설이나 지명이 붙어 오늘에 이른다. 그 중에 명명된 지명이 바로 공지천을 낀 퇴계동이다.

퇴계 이황 선생의 외가가 지금의 퇴계천 중류에 있는 한신아파트와 금호아파트에 이르는 동네로 짐작된다. 춘천 박씨 어머니가 안동의 본거를 둔 이씨 가문의 후처로 들어가 퇴계 선생을 낳았다. 그가 여덟 살 때 외가에 들렸다는 말이 전하긴 하지만 명확하게 기록으로 전하는 내용은 없다. 일제 때 퇴계정退溪町으로 부르던 왜식 동명을 46년 우리식으로 고쳐 퇴계동으로 명명하게 되었는데 까마귀 날자 배 떨어지기烏飛梨落라고 퇴계 이황 선생의 외가가 있던 동네이므로 이황의 호를 빌어 퇴계동이라 명명했다. 하지만 근거가 매우 애매하다. 다만 동네 이름의 품가를 높여보자는 주민들의 의도가 내재되어 동명을 그렇게 부른 것이 아닌가 추측할 뿐이다(춘주지/84년 춘천시 발행).

본래는 곰짓내가 뒤로 물러갔다는 전설에 의해 퇴계退溪라는 이름을 얻게 되었고 퇴계동의 순수한 우리말은 무린개, 무린개>무릉계로 음운변천되어 부르게 되었는데, 무릉계 하면 무릉도원武陵桃源이 연상되어 예부터 신선이 살던 땅이란 이름으로 미화되어 오늘에 전하게 되었다는 쪽이 더 설득력이 있다.

[공지어 전설] 퇴계 이황 선생이 8세 무렵에 춘천 외가에 내려와 잠시 머물던 때였다. 하루는 머슴에게 짚을 썰어 소여물을 만들라고 했다. 한낮에 여물을 썰라 하기에 좀 이상하게 여겼으나 시키는 대로 짚을 썰었다. 어린 퇴계는 썰어놓은 여물을 삼태기에 담아 퇴계천으로 가지고 나가 뿌리라고 했다. 개울에 뿌린 여물이 이내 물고기로 변했다(이 부분은 퇴계 선생이 머슴과 함께 퇴계천에 나가 삼태기로 물고기를 잡았는데 그때 잡은 물고기가 마치 짚을 썰어놓은 것처럼 인식된 데서 연유하지 않을까). 이후 마을 사람들은 공자의 큰 뜻을 받들어 대유학자가 된 퇴계 선생이 여물을 풀어서 만든 물고기라 하여 이를 공지어孔之魚라 불렀다는 속설로 굳어진 것으로 보이나(춘주지/84년 춘천시 발행) 근거가 없고 신기하고 진기한 물고기라 하여 진어珍魚, 내장이 비었다고 공어空魚 등으로 불리기도 했으나 모두 정설은 아니다. 다만 생물학자들은 빙어의 초기 형태 정도로 추정하고 있을 뿐이다.

공지천이 소양강과 북한강이 합수하는 지점을 삼천동三千洞이라 부른다. 삼천동은 원래 마삼내, 마삼천麻三川으로 불리었으나 73년 춘천시에 편입되면서 소양강과 북한강이 만나는 합수점에 공지천 지류가 합세하여 물줄기가 셋이 어울렸다 하여 동명을 삼천동으로 명명하게 되었다. 공지천의 하류가 되는 삼천동은 조각공원과 잔디구장, 의암공원, 야외음악당, 모텔, 방송국 등이 들어서 새로운 춘천의 호수문화를 이루고 있다. 특히 삼천리 수변공원 일대에서는 매년 춘천의 전통음식을 알리는 막국수 닭갈비 축제, 공지천변 의암공원 일대에서는 춘천 지역의 역사와 전통문화를 알리는 소양강문화제가 열리고 있고, 2010년 열리는 춘천국제레저경기대회를 계기로 전국적인 레저스포츠 단지로 각광받을 것으로 예상된다.

율문천

[발원] 율문천의 발원지는 신북읍 너른 들판을 굽어보고 서 있는 수리봉과 배후령 사이 울창한 숲을 이룬 삼한골이다. 배후령을 넘는 마적산과 수리봉 사이 그 깊은 계곡을 숨가쁘게 내려오면 춘천 박씨의 시조 박항의 묘지가 있고 드디어 그 아래 옛 맥국의 터전임을 입증해 주는 맥뚝(토성)이 나타난다. 삼한골 밑에서 여러 물줄기를 모으고 내달리기를 한참 하다가 발산리 방향에서 흘러온 물줄기는 장본교회 앞에서 두 물줄기가 합수하여 율문천이 된다.

폭을 넓힌 율문천은 평야지대를 가로지르며 띄엄띄엄 공공기관 건물들을 바라보게 된다. 발산리 쪽은 강원도종합시험연구센터와 막국수체험박물관, 춘천면허시험장을 거치고, 유포리 쪽은 2군단사령부와 춘천국유림관리사무소를 바라보며 유유히 흐름을 계속한 다음 율문리 신북읍사무소 뒤편을 지난다.

5일장이 서는 샘밭 장터를 거친 율문천은 율문교와 신북교 아래를 통과한 뒤 곧바로 맥국의 전설과 함께 춘천의 역사가 만만찮음을 대변하는 우두산 앞에서 소양강과 합류하게 된다.

[발산리는 맥국의 터] 발산리는 원시 부족국가 형태인 맥국貊國의 도읍지였다. 부근에서 발견되는 지석묘와 적석총이 이를 뒷받침하고 있다. 북방민족 중에 맥족이 남쪽으로 이동하여 신북읍 수리봉 아래 드넓은 벌판이 한눈에 보이는 발산리에 도읍을 정하고 맥국이란 나라를 세웠다. 그러나 단정할만한 문헌기록은 없고 추정하는 기록만 산발적으로 전한다. 맥국은 이후, 남하한 고구려 또는 북상한 백제군에 흡수되어 잊혀진 왕조, 전설의 땅으로 발산리에 그 흔적을 남기게 된다.

발산리의 왕대산王臺山은 맥국의 진산이었다. 그 왕대산을 발산鉢山이라 불렀다. 중의 밥그릇처럼 생겼다 하여 왕대산을 '바리산'이라 이름지었다고 하고, 한편에서는 스님의 바리는 그 시대에 전하지 않았을 터이고 이는 곧 밝산=태양을 맞이하는 산, 마을 한가운데 돌출해서 가장 양지바른 동산이라고 한다. 또한 마을 한쪽에 아침못이 있어 이는 분명 백두산에 천지가 있는 풍수지리설에 근거하여 밝산=백두 즉 작은 백두산이라 의미를 갖는다고 '춘천의 지명유래(95.12.30 춘천문화원)'에서 밝히고 있다. 그 바리산 아래 발산리에 다섯 개의 궁궐을 지었다는 '맥국의 터' 전설과 함께 수리봉과 삼한골 사이에 맥국시대에 쌓았다는 토성(맥뚝)의 흔적이 논뚝으로 남아 있다고 한다.

[팽오의 통도비 전설] 지금으로부터 4천3백여 년 전, 나라에 큰 홍수가 났다. 맥국이 자리잡은 발산리 일대에도 큰물이 나 집과 논밭이 물에 잠기고 가축과 사람들이 물결에 휩쓸려 떠내려갔다. 노아의 홍수처럼 물이 골짜기에 차오르고 산이 물길을 막아 백성들은 허우적대며 산꼭대기에 올라가 간절하게 구원을 청했다. 그때 팽오彭吳가 단군왕검의 명을 받고 사방으로 나아가 신통력이 있는 신부(神釜=신령스런 도끼)로 산줄기를 뚫어 물길을 열었다. 물이 강으로 빠져나가고 산과 높은 지대로 피난했던 백성들이 마을로 돌아와 흙에 묻힌 논밭을 다시 일구기 시작했다. 맥국 사람들은 드디어 생활의 안정을 되찾고 평온한 시대를 맞았다. 백성들은 단군왕검의 신하인 팽오를 생명의 은인으로 생각하게 되었다. 맥국 백성들은 그의 은공에 감사하며 치수治水와 통도(通道=길을 열었다는 뜻)를 기념하기 위해 비를 세우게 되는데 이것이 곧 팽오의 통도비通道碑이다. 이후 통도비를 세웠다는 기록이 단 한줄 '동국역대총목' 에 전해지나 어디에 어떤 형태로 있었다는 기록은 전해지지 않고 다만 춘천 우두산의 맥국 전설에 팽오의 이야기만 전해올 뿐이다.

[아침못 전설] 버들개(유포리의 옛 이름)에 어느 부자가 살았다.

인색하고 괴팍했다. 그러던 어느 날 버들개 부잣집에 스님이 찾아와 시주를 부탁하게 된다. 남에게 베풀 줄 모르는 부자는 역시 스님에게 쌀 한 톨 주지 않고 스님의 바랑(자루)에 마당에 쌓여있던 거름을 한 삽 퍼서 넣어준다. 스님은 아무 말 없이 등을 돌렸다. 이를 안타깝게 지켜보고 섰던 며느리가 시아버지 몰래 쌀을 한줌 퍼 가지고 나와 스님에게 건네자 스님은 굳었던 얼굴을 펴며 "머지않아 이 집에 재앙이 닥칠 터이니 목숨을 건지려면 곧장 나를 따르시오" 주문하듯 말했다. 그날 밤 천둥이 치고 큰 비가 내렸다. 아침에 일어나보니 부잣집은 온데간데없고 널찍한 집터가 있던 자리에 큰 못이 생겼다. 아침에 일어나 보니 부잣집이 못으로 변했다 하여 아침못으로 불리게 되었다.

[삼한골 전설] 원래 삼한골은 후삼국 시대 궁예의 군사가 잠시 머물렀던 고사에서 연유한다. 왕건이 옹립되어 고려를 건국하자 쫓겨난 궁예와 그의 군사가 삼한골로 일단 후퇴하였다가 전세가 불리해지자 다시 삼악산으로 옮기게 된다. 이때가 태봉국 18년, 신라 경명왕 2년(918)이었다. 후삼국시대 때 궁예가 군사를 이끌고 계곡을 통과했다 하여 삼한골(후삼국 즉 삼한시대)로 부르게 된 내력을 가진다. 삼한골 고사는 맥국과 무관하지만 신북읍 사람들 사이에서는 맥국의 골짜기로 통한다.

삼한골에서 시작한 물줄기가 아침못으로 관개되어 흐르고 맥뚝이 있는 발산리 앞뜰의 논물을 대어준다.

[샘밭 또는 천전리] 신북읍은 율문리, 발산리, 천전리 등 모두 일곱 개의 동리를 가진 행정구역을 거느리고 있다. 춘천 사람이라면 여우고개 너머 펼쳐지는 동네를 샘밭이라 부르기를 주저하지 않는다. 좀더 정확하게 표현하자면 읍사무소와 장터, 춘천실고가 들어선 율문리가 아랫샘밭이고, 소양댐관리사무소와 아파트단지, 동원학교, 시내버스 종점이 들어선 천전리를 윗샘밭이라 부른다.

샘밭이라 부르던 고유 지명이 천전리泉田里로 명명되기 시작한 것은 곰짓내를 공지천이라고 부르게 된 일제 말기 행정구역 변경과 때를 같이한다. 밭에서 샘이 많이 난다고 해서 샘밭으로 불렀다고 전해지나 이무상 님이 엮은 춘천의 지명기행 '우리의 소슬뫼를 찾아서(2007.5.20 도서출판 한결)'를 참고해 보면 샘밭장(샘밭장은 원래 조선 순조 때까지만 해도 윗샘밭에 섰음)과, 도짓거리(賭地/장터 부근에 각 고을에서 매물로 나온 논밭, 집터 따위를 관할하고 수납하던 곳. 지금의 소양댐관리사무소 앞 동네)가 함께 있었듯이 샘밭이란 시정잡배들이 장사하여 돈이 물처럼 흘러다니는 저자거리市場로 풀이할 수 있다고 한다. 전한말(前漢末 서기9-23) 왕망 때 화폐 이름도 화천貨泉이었음은 이를 증명한다. 정리해 보자면 샘밭이란 지명 유래는 밭에서 샘이 많이 나오는 동네란 뜻인데 이를 뒷받침할 만한 근거로는 온천을 개장

(춘천월드온천)한 곳과 샘을 이용해 향어 양식장을 개발한 곳이 딱 한 곳이 있기는 한데 주민들 사이에서도 설왕설래. 그러므로 어원의 유래는 도짓거리와 연결하여 장터에 돈이 널리 통용되고 마치 샘처럼 솟았다는 의미에서 찾아야 타당하다는 설이 지배적이다.

강촌천

[발원지] 강촌천의 발원지는 남면 수동리 고깔봉이다. 고깔봉에서 하산하다가 이내 설곡산 계곡에서 흘러나온 물줄기와 합치고, 둔일에서 흘러온 물줄기를 만나 폭을 넓히게 된다. 한편 봉화산 아래 자리잡은 문배마을 첫 번째 집쯤 되는 골짜기에서 흐름을 시작한 물줄기는 마을 끝에서 소를 이룬 뒤에 곡예사처럼 곧장 30여 미터를 하강하여 구곡폭포를 만들고 이어서 산책로와 자전거 도로, 민박집들 사이를 휘돌며 창촌중학교 앞을 통과한다. 수동리 마을을 빠져나온 고깔봉 물줄기는 농공단지 앞에서 소주고개를 내려온 물줄기와 만나면서 남면사무소라든지 남면도서관, 송곡대학 진입로가 있는 본동을 지나 문배마을에서 한바탕 까무러쳤다 흘러온 물줄기와 합류하여 강촌의 그 화려하고도 요란한 휴양지를 거치며 강촌철교에 이르러 북한강 본류와 합수한다.

[소주고개와 살신모정의 비] 소주고개 하면 첫인상이 목젖을 적시는 짜릿한 알콜 냄새다. 시골 샌님이 소주라도 한잔 걸쳐야 가파른 고개를 쉽사리 넘을 수 있다 해서 붙여진 이름이라고 전하지만 낭설이다. 소가 고개를 넘다가 잘못되어 죽은 고개라 하여 소주고개라 이름을 붙였다는 속설도 전한다. 정설을 알아보기 위해 강촌문화마당 사람들을 만나 간소하나마 그 연유를 들었다.

이소응의 '습재문집' 에 '소주' 라는 말이 나타난다고 했다. 강촌 태생이고 춘천에서 의병 봉기 때 의병대장으로 활약했던 습재 이소응 선생의 유고집 '습재문집' 에는 남산에 은거하며 산수를 바라보며 느낀 감회가 기록되어 있는데 남산면 네 개 마을(수동, 창촌, 방곡, 강촌)를 묘사하는 장면에 이르러 "그 남쪽에 소주현紹朱峴이 있고 고개의 북쪽을 바일排逸村이라고 한다" 는 표현이 나온다. 이 구절에서 소주의 의미를 찾아야 한다.

소주현은 소주고개를 이르는 말인데 소주紹朱는 주자학의 학통을 잇는다는 의미를 내포하고 있다. 따라서 구한말 어수선했던 시대, 이소응 선생이 잠시 낙향하여 은거할 때이므로 소주현은 위정척사론에 바탕하여 주자학적인 전통사회에서 이단인 사학을 배척하고 유교인 정학을 지켜야 하는데 갑오개혁이라든지 외세에 의한 문호개방 등 격변하는 시대에 주자의 학문을 지키고 이어나가는 일이 매우 험난함을 넘기 힘든 고개에 비유하여 우국적 심경을 드러낸 뜻에서 유래했을 터이다.

출생지가 가정리이고 그 지역 역사 문화에 남다른 관심을 가진 분의 말을 정리하면 그동안 소주고개 유래가 여러 개 전해져 왔는데 마을이나 지역의 특징을 살린 명칭이 주민들 사이에서 구전되다 정착된 사실을 참고한다면 '무거운 짐을 싣고 넘던 소가 쓰러져 죽었다는 고개' 가 맞을 것이라고 주장하고 있다.

강촌이나 면사무소에서 가정리 방면 강원도학생연수원이나 홍천 모곡 남궁억 선생 기념관이라도 찾아가려면 남면 후동리와 남산면 발산리의 경계 지점인 소주고개를 넘게 된다. 그 고개 정상 잔디밭에 94년 5월 어버이날을 맞이하여 '살신성인 모정비' 세우고 그 옆에 조촐하게 자연석으로 모정탑을 만들어 사연을 남겼다. 6.25 전란 때 이 고개에서 인민군이 태극기를 품에 지닌 아들을 돌로 때려죽이려 하자 어머니가 아들을 감싸 안고 고개 아래로 굴러 아들의 생명을 구하고 어미는 죽었다는 슬픈 사연을 만난다. 잠시 길 떠난 나그네의 마음을 촉촉하게 젖게 하는 고갯마루가 곧 소주고개이다.

[노래비, 강촌에 살고 싶네] 강촌역을 통과하고 첫 번째 갈림길이 나타나는 공원에 김성휘 선생이 노랫말을 짓고 김학송 선생이 작곡한 나훈아의 '강촌에 살고 싶네' 노래비가 있다. 자연석에 음각으로 새겨진 노래비는 이 고장 출신 한국화가 우안 최영식 선생의 거침없는 글씨여서 반갑다. 버튼을 누르면 구성

지게 노래가 흘러나온다.

> 날이 새면 물새들이 시름없이 날고/꽃피고 새가 우는 논밭에 묻혀
> 씨뿌려 가꾸면서 땀을 흘리며/냇가에 늘어진 버드나무 아래서
> 조용히 살고 파라 강촌에 살고 싶네.

문화지킴이 강촌문화마당은 강촌에 살고 싶다는 노랫말에서 강촌이 이곳 남면 강촌리의 강촌을 지칭하는 것일까, 궁금하여 직접 서울에 소재한 한국가요작가협회를 찾아가 '강촌에 살고 싶네'를 작사한 김성휘 선생을 찾았다. 2002년 4월 24일이었다.

그는 서슴없이 강촌이 경춘선 열차가 잠시 머물렀다 떠나는 그 강촌이 맞고, 강촌 일대가 노래의 배경이라고 밝혔다. 김성휘 선생이 밝혀 옮긴 '강촌에 살고 싶네 유래'를 기록한 내용을 요약하면 다음과 같다.

<65년 춘천에서 서울로 돌아오던 저녁 무렵 산중턱에 달랑 걸려있는 듯한 강촌역이 너무 아름다워 배를 타고 건너가 하룻밤을 머물며 가사를 지었다. 여인숙에 여장을 풀고 이미 어두워진 산 숲을 바라보니 뻐꾸기 우는 소리가 너무 인상적이었다. 이튿날 아침 강가에 우거진 버드나무 사이로 새들이 물 위를 나는 장면이 어우러지며 노랫말이 떠올랐다, 노랫말 1절은

이튿날 아침의 강촌 풍경이고 2절은 도착한 첫날 밤 희미한 등잔불 밑에서 작사했다.>

[춘천 의병대장 이소응] 명성황후 시해 사건이 일어나자 유학에 전념하던 유림들이 거국적으로 봉기하기에 이르렀다. 이 무렵 춘천을 거점으로 의병을 모병하고 봉기하는 일을 주도했던 기호학파 유림 중에 남산면 가정리 출신의 유중학, 유인석, 남면 강촌리 출신의 이소응, 춘천 삼천동에 은거하던 김평묵 네 사람은 한말 의병사에서 매우 비중있는 인물들이다.

남면 강촌리에 잠시 낙향해 있던 습재 이소응 선생은 명성황후 시해가 일어난 직후 서울에서 춘천 지역의 유림들에게 거국적으로 유림들이 봉기할 것을 독려하는 글을 받게 된다. 독려문을 접한 이소응 선생은 기호학파를 중심으로 춘천 지역 유림들을 규합하고 앞장서서 '춘천의병봉기' 사건을 주도하게 된다. 춘천 송암리 출신 차상찬('개벽' 지 주필)이 개벽 20호에 이소응을 춘천의병대장이라 소개하면서 그의 의병 봉기 내용과 활약상을 소상하게 발표한다(춘주지/84.2.춘천문화원 발간).

팔미천

[발원지] 팔미천八味川은 산세가 험한 대룡산 서쪽(동산면 원창리) 산줄기 매봉(응봉)에서 발원한다. 연엽산(동산면 봉명, 원창리)

골짜기에서 흘러온 물줄기가 쉰동골 앞에서 매봉 물줄기와 합수하여 원창저수지를 만들고 이내 춘원국도를 끼고 원창3리 방향으로 흘러내린다. 한편 정신병원이 들어선 덤바위 골짜기와 가재울에서 흘러내려온 물줄기가 새술막에서 원창저수지 쪽에서 흘러온 물줄기와 만나 제법 폭을 넓히고 대안학교 앞을 지나 굴아우(굴암동)를 거쳐 흐르다가 재취골에서 군자리 방향 물줄기를 만나면서 강의 상류 같은 품새를 지니며 산그림자를 담고 산과 계곡 사이를 유유히 흐르게 된다.

팔미천은 금병산 아래를 휘돌며 내리다가 30년대 한국 소설문학의 대표적 작가인 김유정의 소설 '만무방', '소낙비', '산골나그네'의 무대가 되는 새고개와 삼포, 한들을 지나게 된다. 한치고개에서 흘러 혈동2리 춘천시환경자원사업소(생활폐기물처리장) 앞을 거쳐 온 물줄기와 드름산 줄기에서 흘러온 물줄기가 의암터널 앞에서 합류하고 드디어 먼발치로 의암댐 수력발전소를 바라보면서 신영강(삼악산과 드름산을 막은 의암댐 사이를 흐르는 북한강의 옛 이름)과 합류한다.

[김유정문학촌과 소설의 무대]

팔미천은 30년대 한국 소설문학의 해학성을 살린 김유정의 소설 무대가 된다. 그가 남긴 30편 소설 가운데 12편이 그의 고향인 실레마을(증리 일대)이 배경이 되고 당시 실존했던 인물들이 그의 소설의 주요 등장인물로 묘사된다. 그러므로 김유정

소설의 무대가 되는 실레마을과 마을을 흘러내리는 팔미천을 빼고는 그의 작품을 거론할 수 없다.

김유정의 첫 번째 발표 작품으로 잘 알려진 '산골나그네'는 김유정이 증2리 한들 앞을 흐르는 팔미천에서 멱을 감고 돌아오다가 목이 말라 주막에 들려 막걸리를 마시며 주모(돌쇠 어멈)한테 들은 이야기가 소설로 형상화된다. 19살 먹은 어린 새댁이 팔미리 물레방앗간에 숨겨둔 진짜 서방의 겨울 옷 한 벌을 얻기 위해 위장 결혼하는 이야기이다.

신춘문예 가작 당선작품인 '소낙비'의 무대는 삼포마을이 되고 그의 대표작 '만무방'의 노름터로 알려진 새고개는 증4리에 있다. 중,고등학교 교과서에 각각 실려있는 작품 '동백꽃'과 '봄·봄' 역시 팔미천이 내다보이는 금병산과 주막거리가 있는 실레마을(증 3리와 증 1리)이 무대가 된다.

폐결핵으로 숨이 넘어가는 마지막 순간까지 붓을 놓지 않았던 김유정의 창작 열정과 그의 향토성 짙은 문학성을 기리기 위해 2002년 8월 김유정의 생가를 복원하고 기념관을 포함하여 김유정문학촌을 개관했다. 2008년이 김유정 탄생 100주년이 되는 해에 한국의 저명작가를 비롯해 한중일 아시아 작가들이 김유정 소설의 무대이자 고향인 실레마을 문학촌에서 '이야기마을(스토리 벨리)' 선포식을 가졌다.

[춘천시환경자원사업소(생활폐기물처리장)]

한치고개에서 시작된 한가닥 물줄기는 혈동 2리에 위치한 생활폐기물처리장(춘천시환경자원사업소) 앞을 흘러 팔미천에 합수한다.

춘천의 온갖 허접 쓰레기들이 매립되고 있는 생활폐기물처리장은 계곡형 매립시설로 96년에 착공하여 2년 뒤인 97년 완공되었으며 매립 용량은 총 2,643m3 규모, 1일 평균 200톤정도의 생활폐기물을 반입하여 매립하고 있다. 기반시설로는 중앙통제실, 침출수차단시설, 발생가스 포집시설, 침출수 처리시설 등을 갖추고 있으며 특히 매일 발생되는 180톤의 침출수는 처리장 내의 시설에서 1차 처리를 마친 뒤 근화동 하수종말처리장까지 펌핑을 통해 전량 하수 처리된다. 생활폐기물을 매립하는 것이 환경적, 사회적으로 심각한 문제로 대두되어 현 처리시설은 2014년까지 사용하고 지금의 폐기물 매립 시설은 국비와 시비를 합쳐 총 621억원을 들여 '도시형폐기물종합처리시설'로 전환할 계획이다.

2008년 10월 말 착공하여 2010년 완공하게 되고 시험 가동을 마친 뒤인 2011년부터 본격적으로 가동할 계획이다. 도시형폐기물처리시설은 소각장과 재활용품 선별시설과 주민 편의시설도 함께 들어서게 된다. 2011년 이 시설이 본격 가동하게 되면 하루에 170톤의 폐기물을 소각 처리하게 되며 60톤의 재활용품을 선별 처리하게 된다.

시 관계자는 "한 곳에서 폐기물을 소각 처리할 수 있고 60톤의 재활용품을 선별 처리하게 돼 매립량이 크게 줄 뿐 아니라 재활용율이 높아져 쓰레기 처리 효율이 획기적으로 높아질 전망"이라고 밝히고 있다.

만천천

[발원지] 만천천萬泉川은 대룡산 동쪽 산줄기에서 발원한다. 금대울에서 흘러내린 물줄기가 만천 3리 마을회관 앞을 지나고, 구봉산 샘골을 거쳐온 물줄기가 일명 챔버리 도로 건너 골프연습장 앞에서 합수하여 만천 1리 한일 유앤아이 아파트와 만천초등학교 신축 공사장 앞을 지나 장학리 입구 동면저수지에서 흘러온 물줄기와 합류하여 장학리 시내버스 종점 장학교를 지나고 하이테크밴처타운 뒷편을 빠져나온 다음 소양강을 만나게 된다.

[만천리 지명] 행정구역 개편되면서 절터가 있던 동면 만법리萬法里와 샘터가 있던 천곡리泉谷里의 만과 천을 합쳐 만천리로 부르게 되었다고 전한다. 따라서 만천리는 옛날 샘골에서 유래하고 한때 온천 개발을 시도한 경험도 있어 샘과 관련된 마을로 인식되기도 한다.

[춘천 삼일운동의 진원지] 춘천의 3.1운동은 장학리에서 비롯되었다. 이곳에서 감정리 사람 윤도순이 지하조직을 통해 삼일운동을 계획하고 지휘한 것으로 전해진다. 장학리의 허기준, 허기훈, 허현, 박순교 등이 중심이 되어 1919년 3월1일 독립만세를 외치며 민족운동을 전개했다. 이들 중 허기준, 박순교는 피검되어 각기 징역 6개월을 선고받고 복역하였고 헌병보조원으로 있으면서 여러가지 정보를 수집, 우리측에 제공한 허현은 심한 고문 후유증으로 성불구자가 되어 불우한 일생을 마쳤다고 춘천지방 독립운동사에 전한다.

[박씨묘와 백로, 왜가리 서식지] 만천리에 살던 천석꾼 밀양박씨 박승익의 묘소와 함께 시조인 박혁거세의 신위를 모시던 사당 숭덕단崇德檀이 있어 1년에 두 차례 제향을 올리고 있다. 춘천에서 50~60년대에 초등학교를 보낸 사람이라면 한번쯤 소풍을 다녀간 곳으로 잘 알려진 곳이다. 묘소 주변에 노송이 우거진 경관 때문에 장학리의 민씨묘와 더불어 소풍 장소로 유명했던 곳이다. 지금도 우거진 노송 때문에 백로와 왜가리들이 서식하고 박씨 문중에서 길조로 생각하여 보호하고 있다.

기록문서 보존 관리와 활용의 어려움

웬만한 정보는 인터넷 백과사전을 검색해 보면 알게 되는 편리한 시대에 살고 있다. 사상 최저를 기록했던 한파와 최고의 적설량을 보인 폭설 피해를 준 때가 언제였는가도 그렇고, 경춘선과 중앙선의 개통, 제1, 2 영동고속국도 개통 시기를 조사하는 데도 인터넷 검색으로 어느 정도 내용을 파악할 수 있다.

그러나 등선교(출렁다리)의 준공과 운영에 관련된 정보라든지 통일전망대 전방에 또 하나 금강산전망대가 있다는데 관리는 누가 하는지에 대해서 좀더 구체적으로 알아보고 싶어서 인터넷을 검색하면 나타나지 않을 것이다. 할 수 없이 전화를 걸어 시·군 담당자에게 문의하거나 직접 도서관을 찾아가 지역 문화원에서 편집, 발간한 시군지를 찾아봐도 별로 신통한 내용을 얻지 못할 것이다.

하나는 시일이 오래 경과된 내용이라고 답변할 것이고 또 하나는 군과 관련된 문건이기 때문이라고 할 것이다. 또 다른 방법 중에 하나는 그 당시 보도된 신문기사를 찾아보면 되는데 이 모두 발품을 팔아야 하는 수고가 뒤따른다.

좀 더 확실하게 정보를 알아보려면 해당 시군에, 시군에도 없으면 도에 '행정정보공개신청서'를 제출하여 궁금증을 해결하라고 권고한다. 그러다가 수속절차가 복잡해 그만 열람을 포기하거나 조사내용을 축소해야 하는 경우를 겪어 본 분들은 지방사의 기초 사료가 될 만한 기록물들을 잘 묶어놓은 책자나 각 시·군에 기록물을 담당하는 관리부서의 강화를 역설하기도 한다.

얼마 전에 '북한강에 유입되는 소하천의 인문환경'이란 보고서를 작성하기 위해 앞에서 열거한 '강원도지'와 '춘주지' '춘천의 지명 유래(춘천문화원)' '아름다운 물길 여행(한국수자원공사)' 등 자료들을 찾아 본 경험이 있다.

지암천을 비롯해 율문천, 강촌천, 팔미천 같은 소하천의 유입지점은 나타나는데 각 하천의 발원지와 하천 유역의 전설 인물 등 역사 문화와 관련된 기록들이 너무 간소해서 실망하고 말았다. 어떤 책자는 그야말로 쌍팔년도적 기록을 그대로 베껴 놓은 듯한 인상을 주는 것들도 있었음을 밝히지 않을 수 없다.

지난해에는 소양호 담수로 인한 인제 양구 춘천 지역 수몰민들의 애환을 담아내기 위해 '강물에 잠긴 마을 이야기'를 집필하면서 자료의 전무함과 기록물 보존에 대한 부실함에 실망했었다. 문서마다 보존 기간이 있는데 소양댐 건설과 수몰이주민 보상 문제 같은 중요 문건들은 보존기간이 지나면 '국가기록원'으로 넘겨 보존된다고 한다.

담당자는 소양댐을 직접 방문해 볼 것을 권유했다. 소양강댐관리단 사무실로 찾아가 당시 공사일지를 뒤적여 공사 개요와 준공, 담수 일정은 파악할 수 있었으나 지역별 수몰민 현황과 이주민 보상 문제와 관련된 기록은 찾아볼 수 없었다. 고민 끝에 인제 남면 지역과 양구 수인리, 춘천 북산면 내평리 일대 등 현장을 답사하며 당시 수몰민들 중에 현존하는 지역 인사들을 찾아 탐방 조사를 벌인 끝에 의도한 내용을 겨우 담을 수 있었다.

시·군 담당자들은 지방사의 기초사료가 될 만한 보고서나 학회지, 향토자료집 같은 주요 발간물들은 국회도서관이나 국립도서관으로 우송되어 보관되고, 그곳에서 열람할 수 있다고 밝히고 있다. 각 지역 별로 그 지방의 변천사를 담을 중요 자료들이 관공서뿐 아니라 여러 단체에서도 수없이 생산되고 있을 터인데 이런 기록물들이 통합 관리되지 못하고 보존을 이유로 수장되는 것만 같아 향토사를 연구 조사하는 사람들은 매우 불만스럽다고 한다.

이 시점에서 우리는 각 지역 문화원이 중심이 되든지 시·군별로 어느 부서가 담당을 하든지 지방사의 기초사료가 될 중요 기록물들을 통합 관리하고 보존하는 관리 체제의 필요성을 제기한다. 나아가서 시민들에게 필요한 정보를 좀 더 쉽고 알차게 제공하는 시스템을 구축해주길 당부한다.

노래 속에 들어있는 시를 찾아서

김소월의 '진달래꽃' 이나 박용철의 '떠나가는 배' , 서정주의 '푸르른 날' , 양명문의 '명태' 등 좋은 시는 널리 애송될 뿐 아니라 가곡은 물론 대중가요의 노랫말로도 훌륭한 가치를 발휘해왔음을 이번 기회에 다시 확인할 수 있었다. 시는 그만큼 노래와 만날 때 더 많은 독자들을 확보할 수 있고 이들 두 관계가 불가분의 관계, 더 나아가 상보적 관계가 된다는 점을 알게 되었다.

곡도 괜찮고 노랫말도 문학성이 있어서 애창하는 노래의 가사가 아무개의 시였다는 사실을 확인하는 즐거움도 이번 토론 자료를 준비하면서 체득했다. 그것이 양희은이 부른 '한계령' 이요 조영남의 '화개장터' 안치환의 '사람이 꽃보다 아름다워' 였다.

필자는 주로 시詩가 대중가요로 널리 애창되며 시 본연의 문학성과 시의 영역이 대중가요와 만나 얼마나 시의 가치를 유감없이 드러내고 있는가, 몇 작품의 예를 들어 언급해 보고자 한다.

세월이 가면

시/ 박인환, 곡/ 이진섭, 노래/ (나애심), 박인희

지금 그 사람은 이름은 잊었지만
그 눈동자 입술은 내 가슴에 있네
바람이 불고 비가 올 때도
나는 저 유리창 밖 가로등 그늘의
밤을 잊지 못하지

사랑은 가도 옛날은 남는 것
여름날의 호숫가 가을의 공원
그 벤취 위에 나뭇잎은 떨어지고
나뭇잎은 흙이 되고
나뭇잎에 덮혀서
우리들 사랑이 사라진다 해도
내 서늘한 가슴에 있네

사랑은 가도 옛날은 남는 것
여름날의 호숫가 가을의 공원

그 벤취 위에 나뭇잎은 떨어지고
나뭇잎은 흙이 되고
나뭇잎에 덮혀서
우리들 사랑이 사라진다 해도
내 서늘한 가슴에 있네

[특기사항]

＊시인 박인환의 사망 일주일 전(56년. 30세 되던 해) 자신의 죽음을 예고한 시처럼 다가온다.

＊50년대 전쟁 직후 암울한 시대의 절망과 상실감을 드러낸 화제작.

＊명동의 한 허름한 대폿집에서 한때 마음에 심어두었던 연인을 못잊어 하며 한잔 술에 써 낸 시작에다 이진섭이 곡을 붙여 즉석에서 나애심이 샹송풍으로 불러 유명해진 노래.

＊69년 "뚜와에무아"의 박인희, 이필원(두 사람 모두 시집을 엮어낸 시인이자 싱어송라이터)이 애잔한 목소리로 불러 새롭게 애창됨.

푸르른 날

시/ 서정주, 곡/ 송창식, 노래/ 송창식

눈이 부시게 푸르른 날은
그리운 사람을 그리워하자

저기 저기 저 가을 꽃자리
초록이 지쳐 단풍드는데
눈이 내리면 어이 하리야
봄이 또 오면 어이 하리야
내가 죽고서 네가 산다면
네가 죽고서 내가 산다면
눈이 부시게 푸르른 날은
그리운 사람을 그리워하자

[특기사항]

* 미당 서정주 시집 "동천(1968)" 에 수록된 작품, 이양하의 "신록예찬" 과 더불어 애송됨.

* 이 노래는 처음에 가곡으로 작곡되어 불리다가 송창식이 좀더 산뜻하고 유장하게 편곡하고 자신이 직접 기타 반주에 맞춰 노래 불러 국민들로부터 사랑받은 작품.

* 최초 작곡자/ 김성은. 노래/ 테너 박범철, 김법동.

* 1983년 제1회 KBS 작사 대상 수상

얼굴

시/ 심봉석, 곡/신귀복, 노래/ 윤연선

동그라미 그리려다

무심코 그린 얼굴
내 마음 따라 피어나던
하이얀 그때 꿈을
풀잎에 연 이슬처럼
빛나던 눈동자
동그랗게 동그랗게 맴돌다 가는 얼굴

동그라미 그리려다
무심코 그린 얼굴
무지개 따라 올라갔던
오색빛 하늘 아래
구름 속에 나비처럼
날던 지난 날
동그랗게 동그랗게 맴돌곤 하는 얼굴

[특기사항]

* 1967년 서울 마포구 염리동 동도중학교 교무실에서 교무회의 도중 지루함을 달래기 위해 음악교사 심귀복이 곡을 만들어 옆에 앉았던 생물교사 심봉석 선생에게 가사를 붙여보라고 건네준 작품이 세상에 알려지기 시작함.

* 5분만에 완성된 노래가 인기 드라마 배경음악으로, 시그널 뮤직으로 널리 확산됨

* 사랑하는 사람과의 이별과 그리움을 애절하게 표현한 노래로 국민 애창곡이 됨.

바다에 누워

시/ 박해수, 곡/ 김장수, 노래/ 높은음자리

나 하나의 목숨으로 태어나
바다에 누워
해 저문 노을을 바라본다
설익은 햇살이 따라오고
젓빛 젖은 파도는
눈물인듯 씻기어 간다
일만一萬의 눈초리가 갈라지고
포물抱物의 흘러 움직이는 속에
뭇별도 제각기 누워 잠잔다
마음은 시퍼렇게 흘러 간다
바다에 누워
외로운 물새될까
물살이 터져 감은
만상萬象을 안고 가듯 아물거린다

마음도

바다에 누워
달을 보고 달을 안고
목숨의 맥脈이 실려 간다
나는 무심한 바다에 누웠다
어쩌면 꽃처럼 흘러가고
바람처럼 사라진다
외로이 바다에 누워
이승의 끝이랴 싶다

— 박해수 시인의 원작시

[특기사항]

* 1985년 제9회 MBC 대학가요제 대상 수상작

* 노랫말 도용 문제로 한때 원작사자인 박해수 시인과 김장수(높은음자리 맴버) 사이에 불편한 관계(방송 출연과 공연이 한때 중단)에 있다가 원작자 박해수의 양해로 표절 문제 해결.

--절친한 후배가 백일장 입상작품이라며 나에게 '바다에 누워' 를 내밀기에 단 5분만에 곡을 붙여 대학가요제에 출연했다. 나중에 알고 보니 이 노랫말이 대구문인협회장 박해수 시인의 작품이란 걸 알고 그분을 찾아가 용서를 구했다. 이건 표절이 아니라 완전 도용 사건이이었지요.(김장수 회고)

한계령

시/ 장덕수, 곡/ 하덕규, 노래/ 양희은

저 산은 내게
우지마라 우지마라 하고
발 아래 젖은 계곡 첩첩산중

저 산은 내게
잊으라 잊어버리라 하고
내 가슴을 쓸어내리네

아 그러나 한줄기
바람처럼 살다가고파
이 산 저 산 눈물 구름 몰고 다니는
떠도는 바람처럼

저 산은 내게
내려가라 내려가라 하네
지친 내 어깨를 떠미네
–간 주–
"아 그러나–––떠미네" 까지 후렴구 반복됨

[특기사항]

* 1984년 작사 하덕규, 노래 양희은이 노래함, 1995년 양희은 가요 3집에 수록

* '아침 이슬' 다음으로 가장 매력적인 노래로 평가됨.

* 노랫말의 원작자가 밝혀짐. 원작자가 장덕수 시인은 이 시를 18세 때인 1981년에 한계령 아래 오색마을에서 지었다고 술회함.(2002년 시집 '한계령' 상재)

* 장덕수 시인이 작사자 하덕규에게 저작권 문제 제기. 이후 이런 문제로부터 자유롭기 위해 <나는 가수다>팀이 원작자 장덕수 시인으로부터 편곡 동의서를 받아내어 방송 출연함.

* 원작은 젊은 나이에도 삶의 애환을 노래한 산문적 내용과 가락으로 이루어짐. 작사자 하덕규는 호흡이 긴 원문 내용을 간추려 가사로 도용했던 것으로 판단됨.

* 첫째연 "우지마라 우지마라 하고"는 때로 "오지마라 오지마라 하고"와 혼용됨.

그 겨울의 찻집

시/ 양인자, 곡/ 김희갑, 노래/ 조용필

바람 속으로 걸어갔어요
이른 아침에 그 찻집
마른꽃 걸린 창가에 앉아

외로움을 마셔요
아름다운 죄 사랑 때문에
홀로 지샌 긴 밤이여
뜨거운 이름 가슴에 두면
왜 한숨이 나는 걸까
아아 웃고 있어도 눈물이 난다
그대 나의 사랑아

[특기사항]

* 1985년 작사자 겸 소설가 양인자가 시를 쓰고 부군인 고 김희갑 선생이 곡을 붙인 작품.

작곡가 김희갑 선생 장례 이후 부부가 작사 작곡한 노래로 새삼 알려지면서 더욱 애창됨.

* 뮤지컬 명성황후, 킬로만자로의 표범, 타타타, 하얀 목련 등 부부가 만든 노래로 유명함.

사람이 꽃보다 아름다워

시/ 정지원, 곡/ 안치환, 노래/ 안치환

강물 같은 노래를 품고 사는 사람은
알게 되지 음 알게 되지
내내 어두웠던 산들이

저녁이 되면 왜
강으로 스며들어 꿈을 꾸다
밤이 깊을수록 말 없이
서로를 쓰다듬으며 부둥켜 안은 채
느긋하게 정들어가는지를 음-

지독한 외로움에 쩔쩔 매 본 사람은
알게 되지 음 알게 되지
그 슬픔에 굴하지 않고
비켜서지 않으며
어느 결에 반짝이는 꽃눈을 달고
우렁우렁 잎들을 키우는 사랑이야말로
짙푸른 숲이 되고 산이 되어
메아리로 남는다는 것을
누가 뭐래도(누가 뭐래도)
사람이 꽃보다 아름다워
이 모든 외로움 이겨낸 바로 그 사람
누가 뭐래도(누가 뭐래도)
그대는 꽃보다 아름다워
노래의 온기를 품고 사는 바로 그대
바로 당신, 바로 우리, 우린 참사랑
지독한 외로움에 쩔쩔 매 본 사람은

알게 되지 음 알게 되지
그 슬픔에 굴하지 않고
비켜서지 않으며
어느 결에 반짝이는 꽃눈을 달고
우렁우렁 잎들을 키우는 사랑이야말로
짙푸른 숲이 되고 산이 되어
메아리로 남는다는 것을

누가 뭐래도(누가 뭐래도)
사람이 꽃보다 아름다워
이 모든 외로움 이겨낸 바로 그 사람
누가 뭐래도(누가 뭐래도)
그대는 꽃보다 아름다워
노래의 온기를 품고 사는 바로 그대
바로 당신, 바로 우리, 우린 참사랑

[특기사항]

* 작사자 정지원이 대학 4년 문창과 재학 시절 때인 1993년 오월문학상 시부문 당선 작품을 안치환이 작곡(97년 12월 앨범 5집에 수록)하고 직접 노래 불러 안치환의 대표곡이 됨.

* "지독한 외로움으로 쩔쩔 매 본" 사람이야말로 꽃보다 아름답고 참사랑을 아는 존재임을 강조한 노랫말은 은근히 민주

화를 정착시킨 이 땅의 진보세력을 격려하는 메시지를 담았다는 평가도 있음.

＊ 안치환이 작사 작곡하거나 직접 만들어 부른 다른 여러 노래들에도 산문적인 내용과 호흡이 긴 안치환 특유의 창법과 함께 진실, 정의, 순수의 메시지가 강하게 드러나고 있음.

그 밖의 격조 높은 노래

그 밖에도 격조와 감동을 함께 지닌 노래로는 최백호의 '낭만에 대하여(양인자)', 안치환의 '소금인형(유시화)', 김원중의 '직녀에게(문병란)', 조영남의 '화개장터(김한길)', 역시 조영남의 '모란동백(이제하)', 최양숙의 '가을 편지(고은)' 등을 꼽아볼 수 있을 것이다.

노래 보급 단체

높은 서정성과 시대적 흐름을 암시하는 메시지가 담긴 시를 발견해 이들 작품을 노래로 만드는 시 노래 보급 단체가 있다. 그들이 곧 <나팔꽃>이란 시노래 모임이다.

김용택 정호승 도종환 안도현 유종화 등 다섯 명의 시인과 백창우 김원중, 배경희 김현정 홍순관 류형선 이지생 안치환 이수진 등 아홉 명의 가수 겸 작곡가들이 모여 아름다운 노랫말을 노래로 만들어 격조 있는, 서정성과 메시지가 분명한 노래를 만들고 불러서 많은 사람들이 공감하고 즐겁게 노래부르는 기회를 자주 만들기 위한 취지를 가지고 있다.

분명 그들은 요즘의 걸그릅 같은 젊은 노래패들이 불러대는 가사도 뜻도 모르는 외국어 섞인 노랫말, 선정적인 율동만 난무하는 노래에 대한 반성으로부터 시작된 모임일 터이다.

대중들에게 전달하고자 하는 메시지가 분명하고 서정성 높은 노랫말(시)를 찾아 곡을 붙이고 널리 보급하여 우리 노래를 격조 높게 만들려는 시모임 단체가 어디 <나팔꽃> 뿐이겠는가.

우리 춘천에도 수향시 회원들과 작곡가 손명자씨가 함께 하는 모임을 주목할 필요가 있다.

한결산문집 007
사람 3

초판 1쇄 인쇄 2016년 09월 08일
초판 1쇄 발행 2016년 09월 20일

지은이_최종남
펴낸이_박성호

편집디자인_여우컴퍼니
표지디자인_신영우

펴낸곳_도서출판 한결
등록번호_제198호
등록일자_2006년 9월 15일

강원도 춘천시 공지로 121-1(석사동 310-5 삼원빌딩)
대표전화_033_241_1740 팩스_033_241_1741
전자우편_eunsongp@hanmail.net

ISBN_ 978-89-92044-32-5 03810

이 책은 춘천시문화재단 후원으로 발간 되었음.